D1882445

कोई तो रोके महाभारत

कोई तो रोके महाभारत

(खण्ड काव्य)

सत्यप्रताप सिंह

KALPAZ

कोई तो रोके महाभारत

© सत्यप्रताप सिंह

ISBN : 978-93-5128-038-5

भारत में सन् 2014 में प्रकाशित

कल्पाज़ पब्लिकेशन्स
सी-30, सत्यवती नगर
दिल्ली-110052

Phone : 9212142040
ई-मेल : kalpaz@hotmail.com

शब्द संयोजक : जी.आर. कम्प्यूटर्स, दिल्ली
मुद्रित : जी. प्रिंट प्रोसैस, दिल्ली

समर्पित है यह कृति

जीवन संगिनी

स्वर्गीय डॉ. मिथलेश

को जिनकी स्मृतियाँ ही

अब मेरे साथ हैं।

काम एष क्रोध एष रजोगुण समद्भवरू।
महाशनों महापाप्मा विद्धयेनमिह बैरिणभ।।

(गीता–कर्मयोग श्लो 37)

"रजोगुण से उत्पन्न काम जो बाद में
क्रोध का रूप धारण करता है इस
संसार का सर्वभक्षी पापी शत्रु है"

द्रोणाचार्य कौरव सेना के सेनापति नियुक्त हुए पहले दिन का युद्ध वीरतापूर्वक लड़े तो भी विजय श्री अर्जन के हाथ रही। यह देखकर दुर्योधन को बड़ी निराशा हुई।

वह गुरु द्रोणाचार्य के पास गया और कहा "गुरुदेव, अर्जुन तो आपका मात्र शिष्य है, आप तो उसे क्षणभर में परास्त कर सकते हैं फिर यह देर क्यों? आचार्य द्रोणाचार्य गंभीर हो गए और बोले–अर्जुन मेरा शिष्य है, मैं उसकी सारी विद्या से परिचित हूँ किन्तु उसका जीवन कठिनाई और संघर्ष करने में गुजरा है और मेरा जीवन सुविधापूर्वक जीने का रहा है। विपत्ति ने उसे मुझसे भी अधिक बलवान बना दिया है।"

अनुक्रमणिका

भूमिका

बहुधा हम युद्ध के उन्माद, क्रांति या रक्त-क्रांति को न्यायोचित ठहराने की बात अस्तित्व एवं अस्मिता की रक्षा से जोड़ देते हैं, पर यह बात मुझे बेईमानी-सी लगती है। मेरी मोटी अकल का मानना यह है कि किसी भी समस्या की जड़ हमारा सच और झूठ के अंतर को न समझ पाने की अक्षमता की है। हमारे कुछ तथाकथित बद्धिजीवी यह समझते हैं कि रामायण और महाभारत ऐसे महाग्रंथ महाकाल्पनिक ग्रंथ है। शायद यह आश्चर्यजनक लगे, पर तथ्य यह है कि महाभारत के विषय में जो शोध सामग्री अमेरिका के शिकागो विश्वविद्यालय में उपलब्ध है, वह हमारे अपने किसी भी विश्वविद्यालय में उपलब्ध नहीं है। यह दुर्भाग्य ही कहा जा सकता है, जहाँ विश्व में महाभारत जिज्ञासा एवं आत्ममंथन का प्रेरणा श्रोत बना हुआ है। वहीं पर हम इसे कवि की कोरी-कल्पना समझ नकारने का दुःस्साहस ही करते हैं।

आइए जरा देखें कि सच क्या है? आस्ट्रेलिया के विश्व प्रसिद्ध नृतत्वशास्त्री डॉ. ए.एल. वाशम, जिन्होंने हमारे देश में काफी समय बिताया। उनका मानना है कि यदि आप रामायण और महाभारत को कपोल कल्पित मानकर पढ़ें तो उसमें आपको इतिहास मिलेगा और यदि इतिहास मानकर पढ़ें तो यह आपको काल्पनिक लगेगा।

हम इतनी दूर क्यों जाएं? हम सभी जानते हैं कि महर्षि बाल्मीकि ने रामायण लिखी और वह राम के समकालीन ही थी। उनकी काव्य-रचना में अनेक स्थल ऐसे आते हैं, जो कि ग्रहों एवं नक्षत्रों की स्थितियों का संकेत देते हैं। ऐसे हजारों वर्षों में कभी-कभार होता है। पुष्कर भटनागर ने डेटिंग दि ईरा ऑफ लार्ड राम (Dating the Era of Lord Ram) में अति आधुनिक कम्प्यूटर प्रणाली द्वारा सिद्ध किया है उस समय ग्रहों की स्थिति वास्तव में वैसी ही थी और यह कोरी-कल्पना नहीं हो सकती। इसी तरह रामायण को एक काल्पनिक ग्रंथ मानना बहुत बड़ी भूल होगी। अन्य प्रख्यात इतिहासकार एन.एस. राजाराम भी अपनी अमूल्य कृति "सर्च ऑफ दि हिस्टोरिकल कृष्ण" (Search of the Historical Krishana) में कृष्ण की ऐतिहासिकता पर संदेह नहीं करते। पाणिनी के व्याकरण ग्रन्थ अष्टाध्यायी में भी कृष्ण का उल्लेख आता है। बुद्ध धर्म की कृतियाँ तो कृष्ण को असुर की संज्ञा से विभूषित करती है। उसका मात्र कारण यही है कि कृष्ण की निष्काम कर्म की व्याख्या बुद्ध धर्म की मान्यताओं से मेल नहीं खाती थी। पुरात्व अवशेषों के अभाव से हम वस्तु स्थिति को नकार तो नहीं सकते। प्रसिद्ध इतिहासकार नंदिता कृष्णन के अनुसार होमर की कृति इलियड को भी लोग काल्पनिक कृति मानते थे, पर केवल तब तक जब तक सघन खुदाई के पश्चात ट्रावाय के अवशेषों को ढूंढ नहीं निकाला गया। इतिहासकार एन.एस. राजाराम के अनुसार कृष्ण ईसा. पूर्व 3112 वर्ष में पैदा हुए थे और महाभारत का युद्ध ईसा. पूर्व 3067 वर्ष में लड़ा गया। शाश्वत सत्य तो यह है कि कोई कल्पित परिकल्पना हजारों वर्षों तक जनमानस की चेतना से चिपक कर नहीं टिक सकती।

यदि हम अपने महाग्रन्थों को अनुशीलन करें तो यह बात पूर्णतः स्पष्ट हो जाती है कि द्वापर युग आते-जाते तक जीवन मूल्यों का पूर्ण ह्रास हो चुका है। जीवन मूल्यों का हर स्वार्थ जनित होता है। रावण-रक्ष

संस्कृति की स्थापना के लिए उचित अनुचित में भेद नहीं कर पाया था। वहीं दुर्योधन अपनी महत्वाकांक्षाओं, लोभ, ईर्ष्या एवं घृणा जैसी मानसिक विकृतियों के कारण महाभारत युद्ध का मुख्य कारण बना।

हम सभी जानते हैं कि असंख्य ब्रहमाण्ड प्रकृति के अनेक रूप में हैं और समूची प्रकृति चेतन और अचेतन दो वर्गों में बंटी है। मात्र प्राणी जगत ही ऐसा है जिसे चेतन की संज्ञा दी जा सकती है और यह हमारी चेतन प्रकृति ही हमारी विकृत्तियों का मूल कारण भी है। अचेतन प्रकृति तो अत्यन्त अनुशासित नियमित एवं कल्याणकारी है। जब महाभारत में कृष्ण अपने विराट रूप को उजागार करते हैं। तो इस तथ्य को ही तो रेखांकित करते हैं।

आज के सामाजिक परिवेश में जो कुछ भी घटित हो रहा है प्रबृद्ध पाठक उससे अवगत है। आज समाज का हर व्यक्ति स्वार्थजनित विगलित मानसिकता के फलस्वरूप स्वयं में महाभारत का युद्ध झेल रहा है। ऐसा क्यों हो रहा है, यह जानते के लिए हमारे पास समय नहीं है। इस प्रश्न के उत्तर के लिए हमें महाभारत ग्रन्थ की ओर ही बार-बार लौटना पड़ेगा। मुझे हमेशा इस बात का मलाल रहा है कि मैं देववाणी संस्कृत नहीं पढ़ पाया। इसकी कमी पूरी की श्री रमेश मेनन जी कृत महाभारत ग्रंथ के अनुवाद ने। मैं उनका हमेशा ऋणी रहूँगा। कहते हैं यदि अनुकूल परिस्थतियाँ मिल जाती हैं तो चींटी भी समुद्र लांघ जाती है। मेरे अग्रज डॉ. महेन्द्र प्रताप सिंह जी ने जिन्होंने हिन्दी साहित्य में साहित्येतिहास नई विधा का सृजन किया, मुझे समय-समय सही रास्ता दिखाते रहे। मेरी पत्नी डॉ. (श्रीमती) मिथिलेश जी ने अपने आलोचनात्मक स्वभाव के कारण मेरे काव्य के पात्रों को सही परिप्रेक्ष्य में प्रस्तुत करने का समय-समय पर मुझे अमूल्य सुझाव देती रही। सुपुत्र डॉ. शरद् चौहान बहू विशाल चौहान एवं बेटी सपना पठानिया मुझे हमेशा प्रोत्साहित करती रही है, नहीं तो मेरा प्रयास अधूरा ही रह जाता। मैं इन सबका ऋणी हूँ। कभी

मेरे वरिष्ठ अधिकारी रहे श्री प्रसन्न कुमार दास जो रिवेन्यू सूचना महानिदेशालय में अतिरिक्त महानिदेशक हमेशा मेरी प्रेरणा के स्रोत रहे हैं वे सैदव मुझे प्रोत्साहित करते रहे। उनको धन्यवाद देना धृष्टता होगी।

मेरा यह लघु प्रयास जीवन के मर्म को समझने की सजग चेष्टा है या धृष्टता मात्र। इसका निष्पक्ष निर्णय प्रबुद्ध पाठकों पर छोड़ देना ही न्याय संगत होगा।

सत्यप्रताप सिंह
कोठी नं. 1,
पुलिस आफिसर्स कॉलोनी
सिविल लाइन्स
लुधियाना (पंजाब)
15 जुलाई, 2013

1

यमराज की दुविधा

(धर्मराज खण्ड)

यमलोक

(यमराज गंभीर एवं चिंतित मुद्रा में)

यमराजः चित्रगुप्त
प्रभु के संदेशवाहक
कई बार आ चुके हैं,
केवल यह स्मरण
दिलाने के लिए
कि क्यों नहीं हम
महाभारत के कुछ
पात्रों के प्रति
अभी तक न्यायकर पास
जिनकी आत्माएं
हजारों वर्षों से
अभी तक अन्नत में
भटक रही हैं।

मैंने तुम्हें
धरती पर भेजा कई बार,
ये गुप्त सूचनाएं

जुटाने के लिए
कि क्या कारण था
जब विनाश का ताण्डव
कुरूक्षेत्र से धू-धूकर
गुजित था
उस समय रण-भूमि में
कुछ विभूतियाँ ऐसी भी थीं
जो युद्ध को रोक सकती थीं
फिर भी क्यों वह
सफल नहीं हो पाए?
या हम यह भी तो कह सकते हैं
कि शायद उनके
कुछ निहित स्वार्थ थे,
या फिर काल-चक्र की
दिशा एवं गति के
आकलन में उन्होंने
कोई मूलभूत भूल की थी,
जब तक हमें इन प्रश्नों के
उत्तर नहीं मिलते
मैं किसी निर्णय पार
नहीं पहुँच सकता।

चित्रगुप्तः देव
मैंने अथक प्रयास किए
पर ऐसे कोई संकेत
नहीं मिलते
कि किसी व्यक्ति विशेष को
उत्तरदायी मान
हम उसे अपराधी

घोषित कर सके,
इसके विपरीत
भारतीय जनमानस
कुछ की तो पूजा भी करता है,
लोग अपनी संतानों के नाम
भीष्म का कर्ण रखने में
गर्व की अनुभूति
करते है,
ऐसी स्थिति में
लोकम के विपरीत
अपनी मान्यताओं को
प्रकट करने का साहस
मैं नहीं जुटा पाया।

यमराजः चित्रगुप्त
तुमने तो भारतीय
दर्शनशास्त्र भी पढ़ा है
योग-दर्शन में
कैवल्य की प्राप्ति में
यम और नियम
प्रमुख उपादान हैं
मैं यम हूँ
और मेरा व्यक्तित्व
सत्य,
अहिंसा,
अस्तेय,
ब्रह्मचर्य
और परिग्रह का
समन्वित स्वरूप है,

तुलसी भी तो
राम के चित्रकूट प्रवास में
मुझे "भट जम नियमे" कह
राम का योद्धा
घोषित करते हैं।
मेरी नियुक्ति भी तो
धर्मराज के पद पर ही
हुई थी,
पर आज लोकमत तो
हर एक की मौत का

उत्तरदायी मुझे ही समझता है,
सच तो यह है कि
मृत्यु का वरण तो मानव है
अपने कर्मों के अनुसार ही करता है।
हम तो केवल न्याय करते हैं
कि मृत्यु व्यक्ति की पात्रता
स्वर्ग की है या नरक की,
या फिर ब्रह्माण्ड में
निरुद्देश्य भटक कर
तड़पने की।
यह भी सच है
लोकमत सदैव
सत्य नहीं हो सकता
भ्रान्ति भी हो सकती है
तभी तो राम ने
एक धोबी के लांक्षन मात्र से
सीता का परित्याग किया था
और सच्चाई जानते हुए भी

क्या लोकमत के
कानों पर कभी
जूं तक रेंगी?

चित्रगुप्तः देव
धृष्टता क्षमा करें
परन्तु हमें भी तो
अंतरमन में झांकना पड़ेगा
कि वे क्या कारण है
जिसके फलस्वरूप
हम दुविधा में थे
और अभी तक
निर्णय में
असमर्थ।
क्या यह सच नहीं है कि
लाखों वीरगति प्राप्त
सैनिकों के बारे में
हमने निर्णय लिए
और उन्हें न केवल
मुक्ति दी अपतु स्वर्ग भी,
पर भीष्म का अलौकिक त्याग
कर्ण का अप्रतिम शौर्य
एवं दान वीरता
द्रोण की विलक्षण प्रतिभा
के हम कायल तो हैं
पर जब निर्णय की
बात आती है
तो दुविधाओं से
घिर जाते हैं,
क्योंकि हम

अकारण ही यह
मान लेते हैं
ये तीनों महाभारत
रोक सकते थे।

यमराजः चित्रगुप्त
संभवतया तुम्हारे तर्क में
हमारे निर्णय न लेने की
नपुंसकता का रहस्य
अवश्य छिपा हुआ है
फिर भी समस्या का
कोई न कोई
हल भी तो होगा?

चित्रगुप्तः देव
मैं भी इस समस्या का
हल ढूंढने में
प्रयासशील रहा हूँ
और मैं समझता हूँ
कि हम इन आत्माओं का
आह्वान कर
उनके व्यक्तित्व और कृतित्व
का सम्यक विवेचन करें
और अपनी धारणाओं को
जनमानस के समक्ष
प्रस्तुत करें।
और यदि उचित समझें

तो क्यों न दर्शक-दीर्घा से
कुछ उन विशिष्ट व्यक्तियों को
आमंत्रित करें
जो महाभारत युद्ध के
गवाह रहे हैं
और उन्हीं से निर्णय की
अपेक्षा करें।
विदुर, युयुत्स और
कृष्ण को बुलाया
जा सकता है
और कुछ विशिष्ट सैनिकों को भी
जिन्होंने इस महायुद्ध में
अपने प्राणों की बलि दी।
फिर भी मेरे मन में
शंका है कि
जिस गुत्थी को हम
हजारों वर्षों में
नहीं सुलझा पाए
क्या ये कुछ व्यक्ति
कोई सही निर्णय
ले पाएंगे?

यमराज: चित्रगुप्त
यह मत भूलो कि
महाभारत युद्ध में
कृष्ण ने भले ही
शस्त्र न धारण किया हो
पर युद्ध के नियंत्रण
और संचालन में

उनकी जो भूमिका रही है
उससे अनावश्यक
विवाद पैदा हो सकते हैं
मेरी समझ से
निर्णायक मंडल में गांधारी
को ही उचित दायित्व सौंपा जाय।
फिर अब तो हजारों वर्ष बीत चुके हैं
खलनायकों के अहं का रक्त
धरती में सूख चुका है
महासैनिकों की धधकती
चिताओं की राख
ठंडी हो चुकी है
और इन बदली
परिस्थितियों में
विदुर, युयुत्स और गांधारी का
मत स्पष्ट और सटीक ही होगा
और वह हमें मान्य भी होगा।

2

काल अतिक्रमण

(भीष्म खण्ड)

(यमराज गंभीर मुद्रा में भीष्म की आत्मा की प्रतीक्षा कर रहे हैं कि अचानक उनकी आत्मा कक्ष में प्रवेश करती है। यमराज पूरे सम्मान के साथ उनका स्वागत करते हैं।)

यमराजः आइए, गंगापुत्र
हम आपकी पीड़ा को
समझ सकते हैं,
पर किसी व्यक्ति की छवि
या जनमानस में
वह कितना प्रतिष्ठित है
मात्र इतने से ही हम
प्रभावित नहीं होते।
हमारे मानदण्ड
और हमारे निर्णय के
मानक कुछ और ही है,
और हमारी सोच का
मूल आधार है
कि अपने व्यक्तित्व या
कृतित्व से
किसी व्यक्ति विशेष ने

युग निर्माण में
क्या योगदान किया है
या फिर इतिहास के
घटनाचक्रों में
वह सदैव उदासीन
बना रहा।
आप स्वप्न दृष्ट तो थे ही
साथ ही युग दृष्टा भी,
वैसे सपने तो
सभी देखते हैं
कुछ के सपने अधूरे
रह जाते हैं
पर जिनके पूरे हो भी जाते हैं
कोई आवश्यक नहीं कि
आने वाला समय
और परिस्थितियाँ
किसी के सपनों के
अनुरूप ही हो,
दुर्भाग्यवश आपके सपने तो
कभी साकार नहीं हो पाए
जैसा कि कुरुवंश की
स्वर्णिम गाथा का दुखद अंत
अपनी कहानी
स्वयं कह रहा है

आपके ऊपर माँ गंगा का
स्नेहांचल एवं आशीष
सदा साथ रहा,
उन्होंने आपकी शिक्षा की

अति उत्तम व्यवस्था की,
वशिष्ट ने आपको
वेदों का ज्ञान दिया,
बृहस्पति ने राजतंत्र शास्त्र
के सिद्धान्तों का मंत्र
आपके कानों में फूंका,
और परशुराम ने
आपको शस्त्र एवं
युद्ध-विद्या में पारंगत बनाया।

मात्र सोलह वर्ष की
उम्र में जब माँ गंगा ने
आपके पिता शांतनु को
उनकी थाती लौटाई
तो समूचे ब्रह्मावर्त में
आप जैसा
न तो कोई तत्व ज्ञानी था
न ही बलशाली
इसलिए शांतनु ने
बिना समय खोए
आपको युवराज घोषित करवा दिया
और हस्तिनापुर की जनता
अपने भाग्य पर
इठलाने लगी।

पर नियति की गूढ़ रेखाएं
कुछ और ही
रहस्य छिपाए थी,
ज्ञान एक सतत प्रक्रिया है

और तब तक पूर्णता
नहीं प्राप्त करता
जब तक
बुद्धि, विवेक और अनुभव की
कसौटी पर खरा न उतरे।
माना कि आप
मित्र मोह से
जकड़े हुए थे
पर अपनी बुद्धि और विवेक को
अप्रासंगिक क्यों समझ बैठे?
और परिणामों का विवेचन किए बिना
एक नहीं अपितु
दो-दो प्रतिज्ञाएं कर बैठे।
यद्यपि निषादराज था अशिक्षित
पर उसके अनुभव ने
उसे सिखा दिया था
कि प्रभुता का दंभ
एवं विशिष्ट वर्ग का अहं
आपको
अप्रत्याशित शपथ लेने के लिए
बाध्य कर देगा।

शांतनु तो
झूठा या सच
किसी भी प्रकार का आश्वासन
सम्राट होते हुए भी
निषाद को देने का
साहस नहीं जुटा पाए थे,
पर ऐसा प्रतीत होता है
कि परशुराम

जिनसे आपने शस्त्र विद्या सीखीं
न केवल अहंकारी थे
पर प्रकृति से उग्र एवं आक्रामक भी
और संभवतया
उनको यही मानसिक दुर्बलताएं
आपकी चेतना का
अनिवार्य अंग बन गई थी।

युवराज राजा का
न केवल प्रतिनिधि होता है
पर उसकी छाया भी
और इन्हीं सीमाओं की
परिधि में ही
उसे काम सीखना पड़ता है
एवं निर्णय लेने पड़ते हैं,
परन्तु राजा से तो दूर
उनसे चोरी छिपे
स्वयं एक योजना बनाई,
बृद्ध एवं असहाय सारथी के
सहयोग से
निषाद के ठिकाने तक
जा पहुँचे,
वासना ग्रस्त अपने पिता की
संतुष्टि के लिए
आपने सत्यवती के हाथ के लिए
आजीवन ब्रह्मचारी एवं
विवाह न करने की
ऐसी कठोर प्रतिज्ञाएं कर बैठे
जिन्हें जानने का अधिकार

केवल शांतनु और हस्तिनापुर की
प्रजा को ही था।
आपकी प्रतिज्ञा
और अनुभव के कोरेपन से
सूर्य, पृथ्वी, वायु, आकाश और यमुना
जिन्हें आपने साक्षी बनाया था।
सभी स्तब्ध रह गये,
आप भूल गये कि
प्रकृति की निस्तब्द्धता में
एक बहुत गंभीर
रहस्य छिपा होता है
और साथ ही भविष्य की
घटनाओं का संकेत भी
परिणामों की चिंता किए बिना
आपने निषादराज के
सपनों का मार्ग प्रशस्त कर दिया।

पर काल
एक क्रूर प्रवाह है
जिसकी चपेट में
सब कुछ नष्ट हो जाता है,
जो पैदा भी नहीं हुए
उनके काल्पनिक
भविष्य के लिए
आपने हस्तिनापुर की
जन–भावनाओं का
निरादर किया,
क्योंकि आप

युग-पुरुष बनना चाहते थे
समय को अपनी मुट्ठी में
बंद कर लेना चाहते थे।

शपथ

मात्र एक सात्विक एवं अनुशासित
आश्वासन है
भविष्य के लिए
राम ने भी भुजा उठा
प्रण किया था
कृष्ण ने भी
अस्त्र न उठाने की
शपथ ली थी,
पर इन प्रयासों में
लोक-कल्याण की भावना ही
सर्वोपरि थी
न कि काल का अतिक्रमण
और न था
भविष्य को मुट्ठी में
कैद करने का दुस्साहस।
चलिए छोड़िए
इस बात को यहीं पर
और चलते हैं
अम्बा प्रकरण में
यह बात सच है कि
कभी एक स्वस्थ परम्परा थी
जब काशी नरेश की
राज कन्याएं
हस्तिनापुर के स्वर्ण सिंहासन पर

आरूढ़ हुआ करती थी,
पर उन्होंने
अम्बा, अम्बिका एवं अंबालिका के
स्वयंवर में हस्तिनापुर को
निमंत्रण नहीं दिया
पर परम्परा तो सर्वप्रथम
हस्तिनापुर ने ही तोड़ी
जब सत्यवती साम्राज्ञी बनाई थी।

आपके अहंकार को
इससे ठेस पहुँची
और आपने काशी नरेश की
तीनों कन्याओं का
बलपूर्वक अपहरण कर लिया
जब आपने विवाह न करने की
शपथ ले ही ली थी
तो यह काम
विचित्रवीर्य के माध्यम से ही
होना चाहिए था
पर कदाचित् आपको अपने युवराज के
बाहुबल पर
विश्वास ही नहीं था।
अम्बिका और अंबालिका ने तो
जैसे-तैसे परिस्थितियों से
समझौता कर लिया
पर अंबा को तो आपने
हाथ पकड़ कर रथ में
बिठाया था
इसलिए उसने आपसे विवाह करने की

ठान ली
पर जब अपने सम्मान
को वह किसी तरह
न बचा सकी तो
प्रतिशोध की ज्वाला में तपती
उसने हिमाचल
की गोद
तपस्या करने का निर्णय लिया।
ऋषियों एवं मुनियों ने
अथक प्रयाए किए कि
बिगड़ती बात बन जाए
दंभ में चूर
अपने गुरू परशुराम की
आज्ञा का उल्लंघन कर
उनसे भी युद्ध भी किया
भला हो शंकर का
नहीं तो परशुराम
अपनी जान से भी
हाथ धो बैठते।
अब आप
द्रौपदी के चीरहरण
के पलों का स्मरण करें
उस समय आपके विवेक को
क्या हो गया था
जब उसने आपसे
सीधे प्रश्न किया था
कि क्या वह दासी है?
आप सीधे प्रश्न से
कन्नी काट गए

और यही कहा कि
वह दासी भी है और नहीं भी
और जब द्रौपदी ने
धर्म के मूलभूत और
सूक्ष्म सिद्धान्तों की
दुहाई देकर
आपसे धर्म की परिभाषा पूछी
तब भी आपके पास
उत्तर नहीं था।

आप स्वयं देखिए
दुर्योधन के
उस भाई विकर्ण को
जिसको संभवतया
द्रौपदी ने कभी ध्यान से
देखा भी न रहा हो
भरी राजसभा में
उसने धर्म की
न केवल व्याख्या की
अपितु यह सिद्ध किया कि द्रौपदी
जुए में हार जाने पर भी
दासी नहीं थी, क्योंकि
वह मात्र युधिष्ठिर की नहीं
अपितु पांचों पाण्डवों की
पत्नी थी इसलिए
युधिष्ठिर अकेले उसे
दांव पर नहीं लगा सकते थे।
उसने तो यहाँ तक कह दिया

कि दुर्योधन का भय ही
आप सब की चुप्पी का कारण था।

आपको तनिक भी
स्मरण न रहा कि द्रौपदी
उस पाण्डु की पुत्रवधू थी
जिसने काशी, अंग, बंग
कलिंग, मगध आदि
अन्य राज्य
कुरु राज्य की झोली में
डाल दिए

पाण्डु के अप्रतिम
शौर्य से ही
कुरु राज्य की सीमाओं का
विस्तार हुआ था,
आप यह भूल गए थे
कि द्रौपदी आपकी भी
कुछ लगती थी
हम स्वीकार कर लेंगे
पर उस महान शूरवीर
के प्रति आपकी
कृतघ्नता हमें हमेशा
कचोटती रही है।

अब आप अन्य दासी पुत्र
को ही देखे
जिसे सारा विश्व
विदुर के नाम से

जानता है,
उन्होंने स्पष्ट शब्दों में
विकर्ण के मत का
अनुमोदन किया था
और यह निर्णय भी
दिया कि द्रौपदी
दासी नहीं थी,
आपके मौन ने
सचमुच कुरुवंश की
नींव के पत्थरों को
हिला दिया था।
महाभारत युद्ध
फिर भी टल जाता
यदि आप दुर्योधन की
अपात्रता को ध्यान में
रखते और कम से कम
तटस्थ हो जाते
यदि बलराम और कृष्ण
तटस्थ रह सकते थे
तो आप क्यों नहीं
कृष्ण ने तो शस्त्र प्रहार न करने की
शपथ भी ले ली थी
पर आपने निर्णय न लेने की
शपथ ही शायद ले ली थी।
हमारी समझ से
आपमें मिथ्याभिमान
हर सीमा को लांघ गया था

आपने एक और प्रतिज्ञा कर डाली
कि आप कृष्ण से
हथियार उठवा कर ही रहेंगे
पर आप भूल बैठे कि
कृष्ण ने सुदर्शन का
मात्र आह्वान किया था
और शस्त्र के आह्वान एवं
उसके प्रयोग में
बहुत अंतर होता है,
और वह भी कृष्ण ने
इसलिए किया
कि अर्जुन यह समझ सके कि
आप उसके पितामह नहीं
अपितु दुश्मन की सेना के
सेनापति थे।
हम जानते हैं
जीवन में कठिन होता है
निर्णय लेना,
और उससे भी कठिन होता है
सही निर्णय लेना,
गलत निर्णय तो
वास्तव में
परिवार, कुल, समाज
एवं राष्ट्र के लिए
अभिशाप ही बन जाते हैं
यदि आप चाहते तो महाभारत युद्ध
रोक सकते थे

पर एक बहुत अच्छा
सुनहरा अवसर
आपने अपने मौन एवं
अनिर्णय से खो दिया।
जब से सृष्टि का उद्‌भव हुआ
केवल दो को ही
इच्छा मृत्यु का वरदान मिला है,
त्रेता युग में एक था कागा
जिसे हम सब कागभुसिंड के
रूप में जानते हैं
पर एक थे तुम भीष्म द्वापर युग में
पर उस कागभुसिंड को देखो
अपना सारा जीवन
उसने वैचारिक सिद्धांतों के मतभेदों में
एकता स्थापित करने के लिए
समर्पित कर दिया
और ऐसी सामाजिक संरचना की
व्याख्या करता रहा
जिसमें द्वेष, कलह, दरिद्रय
और हिंसा के लिए स्थान न हो।
अभी कुछ सौ वर्षों की ही
बात है जब रामचरित मानस की रचना हुई
हमने पढ़ा उस कृति को
अपने को मतिमंद
और गंवार कहने वाला
कलियुग का तुलसीदास

डंके की चोट पर
कह रहा था
"धर्म न दूसरे
सत्य समाना"
पर आपने तो
आगम, निगम और
पुराण
सभी खंगार डाले थे
फिर कौन से
सत्य की खोज में
कुरुक्षेत्र में
ब्यूह रचना में
उलझे रहे।
पर कुरुवंश
आपके लिए तो
केवल धृतराष्ट्र एवं पुत्रों तक
सीमित रह गया था
आत्मग्लानि के क्षणों में
आपने यह स्वीकार भी किया कि
आपने धृतराष्ट्र का
नमक खाया था
इसलिए उसके पक्ष में
युद्धरत थे
पर वह नमक की ढेरी
तो पाण्डु ने ही जुटाई थी
अंधे धृतराष्ट्र ने नहीं।
आप भी इस तथ्य से

इंकार नहीं कर सकते
कि पूरे महाभारत युद्ध में
आपकी मन:स्थिति
दुविधा एवं संशय के
थपेड़ों में डूबती उतराती रही
पर युद्ध में
संशय एवं दुविधा
केवल पराजय का ही
मुंह देखती है
और वह पराजय
आपने अपनी आंखों से देखी
वाणों से शैया पर
लेटकर।

3
संतान मोह
(धृतराष्ट्र खण्ड)

यमराज कक्ष

(गांधारी एवं विदुर की अनुपस्थित में अंधेरे को टटोलती धृतराष्ट्र की आत्मा का शिथिल कदमों से धर्मराज के कक्ष में प्रवेश।)

यमराज (व्यंग्य से):

आइए, विराजिए
आपका स्वागत है
भाग्य आप पर सदैव
कृपालु रहा
तो फिर हम क्यों
आपको सम्मान न देने की
धृष्टता करें।

समूचे ब्रह्मावर्त में
मात्र आप ऐसे
चक्रवर्ती रहे हैं
जिसने कभी शस्त्र
नहीं धारण किया,
न किसी की हत्या की

न किसी राज्य की
सीमाओं का अतिक्रमण कर
उसे अपने राज्य में मिलाया,
शायद आपने
शास्त्रों का अध्ययन भी
नहीं किया होगा
तभी तो चिंतन और मनन से
आपका दूर का भी रिश्ता नहीं रहा
आपको याद होगा
एक रात आप को नींद
नहीं आ रही
तो आने विदुर को बुलावा भेजा था,
यह जानने के लिए कि आपको
नींद क्यों नहीं आ रही थी
तो विदुर ने दो टूक शब्दों में
कहा था कि दुनिया में
पांच प्रकार के व्यतियों को
रात में नींद नहीं आती है
प्रथम
वह जो किसी अन्य की
पत्नी को कामुक दृष्टि से देखता हो,
द्वितीय–एक चोर को
तृतीय–जो जीवन में परास्त
हो चुका हो,
चतुर्थ–जिसने अपना
सारा धन खो दिया हो,
और अंतिम–जिसको अपने से अधिक
शक्तिशाली शत्रु से
भय हो।

विदुर ने कटाक्ष से
यह भी कहा था
आपको नींद न आना
कोई नई बात नहीं है
क्योंकि आपको नींद उस दिन से
नहीं आ रही थी
जिस दिन सतस्त्रिग ऋषि
पांडव पुत्रों को हस्तिनापुर लाए थे।
हाँ आप भाग्यशाली
अवश्य थे,
और जब विचित्रवीर्य एवं चित्रांगद की
असामयिक मृत्यु हुई
तो कालचक्र ने
ऐसे व्यक्ति का
मणि जड़ित सिंहासन पर
बिठा दिया
जिसे दुनिया को देने के लिए
अंधेरेपन के अलावा
और कुछ भी नहीं था।

एक और मर्म की बात का
मैं उल्लेख करना चाहूँगा।
मुझे यह स्मरण नहीं आ रहा
कि किन संदर्भों में
ऋषि दुर्वासा ने
जो केवल श्राप देने के लिए
जड़ा प्रसिद्ध है
कृष्ण को
यह वरदान दिया था

कि दुनिया का कोई भी
अस्त्र या शस्त्र उनके शरीर को
नुकसान नहीं पहुँचा सकता
केवल पैरों के तलुएं को छोड़।
यह सोचने और समझने
की बात है
कि भला कौन सा योद्धा
अपने शत्रु की हत्या के लिए
उसके तलुओं पर प्रहार करेगा?
पर इंसान के लिए
इस वरदान के माध्यम से
दुर्वासा ने जीवन के
एक बहुत बड़े गूढ़ रहस्य का
खुलासा किया था।
कोई भी शिशु
जब अपने पैरों पर
खड़ा होता है
तो सर्वप्रथम तलुओं के माध्यम से ही
उसका जमीनी हकीकत से
साक्षात्कार होता है
और बड़े होने पर
जब वह चलना सीखता है
तो कुछ कदम ही
व्यक्ति के सृजन या विनाश की
क्षमताओं का संकेत देते हैं
मैंने इस वरदान या शाप
का उल्लेख मात्र
इसलिए किया कि
आप तो हर समय

केवल गलत कदम उठाते रहे
और उनके परिणामों से
आप स्वयं भी अवगत हैं।
परम्पराएं एवं मान्यताएं
हमें विरासत में ही मिलती है
पर यह अचानक ही नहीं बनती
और इनके पीछे
सदियों की सोच और अनुभव
होता है,
आपको हस्तिनापुर का सिंहासन
नकार देना चाहिए था
क्योंकि आप जानते थे कि
जो अपना रास्ता स्वयं
नहीं खोज सकता
वह कैसे साम्राज्य को
मार्ग दिखा सकता है।
पर आपके लोभ ने
परम्पराओं को दर किनार कर दिया
क्यों कि आप भली-भांति
समझते थे कि
दुर्योधन को भावी सम्राट
बनाने का मात्र
यही एक विकल्प था,

यह हम नहीं कहते,
पर यह एक सच है कि
पाण्डु पुत्रों के
हस्तिनापुर आने के पहले ही
आपने विदुर से पूछा था

कि पाण्डु पुत्र या उसकी
अपनी संतानों में से
कौन सिंहासन पर बैठेगा
इसे दूसरों का हक छीनने का
लोभ नहीं तो और क्या कहा जाएगा?
ईर्ष्या तो आपकी
प्रकृति में ही थी
ऊपर से संतान के लिए
सिंहासन का मोह
यही दो मूल कारण थे
कि आप केवल गलत कदमों से ही
अपनी महत्वाकांक्षा की
मंजिल की दूरी
नापने का घृणित प्रयास करते रहे।

यह तो आपको
विदित ही है कि
किन परिस्थितियों में
आपका गांधारी के साथ
विवाह हुआ था,
भीष्म ने संदेशवाहक के
माध्यम से आपके के लिए
गांधारी का हाथ मांगा था।
गांधार नरेश सुबल
इस प्रस्ताव से
सहमत भी नहीं थे
पर कुरूवंश की सत्ता
और शक्ति के समक्ष
विवश थे,

और शकुनी के साथ
उन्होंने गांधारी को
हस्तिनापुर भेज दिया था।
पर क्या शकुनी
इस बेमेल विवाह के
अपमान को कभी भूल पाया?
विशेषकर तब
जबकि गांधारी न केवल विदुषी थी
अपितु सौन्दर्य की
असाधारण कलाकृति भी थी।
कहीं न कहीं
शकुनी को
अपमान के घूंट
हमेशा सताते रहे
और इस दुर्घटना में
उसके मन में
कुरूवंश के विरुद्ध
घृणा के बीज
बो दिए थे।
सब कुछ जानते हुए भी
आपने दुर्योधन को
इसी शकुनी की देख-रेख में
सौंप दिया,
आपने स्वयं ही
करेले की बेल को
नीम के पेड़ पर चढ़ा दिया
और बहुत शीघ्र ही
प्रमानकोटि नदी तट पर
आमोद-प्रमोद की

यात्रा से शुरू होती है
पारिवारिक विघटन की
दुखद कहानी
भोजन में जहर
दुर्योधन ने मिलाया
भीम को अपने हाथों से परोसा भी
और उसके बेसुध होने पर
चुपके से नदी में
डुबो दिया
इस विश्वास के साथ
कि भीम मर जायेगा
दुर्योधन और शकुनी
समूची रात
रंगरेलियां मनाते रहे।
सम्राट होने के नाते
आपने कभी
यह जानने का
प्रयास नहीं किया कि
भीम कहाँ है?
अपने प्रयास में
असफल होने पर
दुर्योधन की प्रतिशोध की आग
और भीषण हो गई
पर शकुनी के उपजाऊ दिमाग ने
तुरंत ही एक अन्य
अत्यन्त घृणित योजना
इस बार समूचे पाण्डव परिवार
की हत्या के लिए
दुर्योधन को सौंप दिया।

आपकी सहमति और
आज्ञा से
पूरे पाण्डव परिवार को
एक वर्ष के बाध्य अवकाश पर
वाराणसी भेजा गया
जहाँ लाख-भवन का निर्माण
कर, सबको जिंदा जलाने की
योजना थी।

न चाहते हुए भी
युधिष्ठिर काशी न जाने की
सम्राट की अवज्ञा
नहीं कर पाए
पर अपने मन की बात
व्यंग्य के माध्यम से
भीष्म को संकट का
संकेत देने की चेष्टा की
पर भीष्म भी
तुम्हारी घृणित
योजना को समझने में
असमर्थ रहे।

यह तो विदुर की
बुद्धि और सक्षम सूचना तंत्र था
जिसने युधिष्ठिर को
सांकेतिक भाषा में
गुप्त सूचना से अवगत कराया,
और वह हर संभव
ऐसी सहायता की

कि पाण्डव
लाख भवन में जलकर
राख होने से पहले
गुप्त मार्ग से
भाग निकलने में सफल हो गए।
पाण्डवों के
जलकर राख हो जाने का संदेश
अपने सभासदों को दिया
और कोई भी
आपके पाखंडी
आसुओं
की भाषा को नहीं पढ़ पाया
और अपने कुनबे के साथ
शीघ्र ही आप पहुँच गए गंगा तट
पाण्डु परिवार के तर्पण के लिए।
लोभ, ईर्ष्या, घृणा एवं स्वार्थ
के बीज अब
जमीन फोड़ कर
हवा में लहलहाने लगे थे।

यह तो आपको विदित था
कि लाक्षा ग्रह का निर्माण
राजकोष की मुद्राओं से
हुआ था
निर्माण कार्य में लगे
कर्मचारियों का वेतन भी
राजकोष से दिया जाता था
पर आपने कभी सच को
जानने का प्रयास नहीं किया।

अपना पिंडदान होने के बावजूद
एक दिन पाण्डव
सशरीर लौट जाए,
साथ में लाए
स्वयंबर में जीती हुई
द्रौपदी,
और साथ ही
द्रुपद राज्य सत्ता का
अपार बल,
तब भी आप नहीं समझ पाए
कि दधीचि की हड्डियों से
बज्र बना था,
मरने के बाद ही,
इसीलिए तो हर पाण्डु पुत्र
अब एक बज्र बन चुका था।

अब तक कुरू महलों का कलह
सड़कों पर विखर चुका था
और भीष्म ने आपको
सही सलाह दी कि
राज्य बंटवारा कर
युधिष्ठिर को
सम्राट बना दिया जाए
आप चाहते भी यही थे
क्योंकि यदि
युधिष्ठिर हस्तिनापुर में रहते
तो ज्येष्ठ होने के नाते
युवराज घोषित होते
और अंततः सम्राट भी।

आपने तुरंत एक
सभा बुलाई
और यह घोषित कर दिया
कि वह राज्य को
दो भागों में बांट
युधिष्ठिर को
राजा बनाना चाहते हैं
पर उन्हें दिया क्या
खाण्डव-प्रदेश का निर्जन प्रदेश
जहाँ तृण भी नहीं उगता था।

पर पाण्डु पुत्र तो कभी
तुम्हारे पुत्रों की तरह
विलासिता में पले नहीं थे
लगातार प्रकृति के सम्पर्क में
रहने के कारण
वह मन और शरीर से
अत्यन्त सबल थे
श्रम और मित्रों के
सहयोग से उन्होंने
राजमहल, राजमार्ग
उच्च अट्टालिकाएं एवं
उपवन बनवाएं
और खाण्डव प्रदेश
समृद्धि का पर्याय बन गया।
पाण्डवों ने
राजसूय यज्ञ भी किया
आपको पूरा सम्मान दिया गया,
दुर्योधन को तो

राजकोष का दायित्व ही
सौंप दिया
पर परिणाम फिर भी
विपरीत ही निकले,
लोभी और ईर्ष्या की आग
और भभक उठी।
शकुनी के उकसाने पर
आपने दुर्योधन एवं शकुनी को
द्यूत-क्रीड़ा की योजना को
स्वीकृति दे दी
ताकि युधिष्ठिर का समूचा राजा
गलत तरीके से हथियाया जा सके,
यद्यपि विदुर ने
अनेक बार आग्रह किया
कि इस योजना के
परिणाम कुरूवंश के
विनाश का कारण
बनेंगे पर आपने अनसुनी की।

हुआ भी वही
जो आप चाहते थे
युधिष्ठिर अपना राज्य,
राजकोष, सैन्य बल
स्वयं को
भीम, अर्जुन, नकुल, सहदेव
और द्रौपदी को भी
जुए में हार गए।
द्रौपदी को अर्द्धनग्न
अवस्था में सभा में

घसीटा गया,
उसे निर्वस्त्र करने की
चेष्टा की गई
द्रौपदी का चीरहरण
विवेक स्खलन की
पराकाष्ठा थी
और हमारी संस्कृति पर
एक अमिट दाग।
राजसभा में
सभी ज्येष्ठ परिजन थे,
वरिष्ठ सलाहकार
एवं हितैषी थे,
पर किसी के मुंह से
एक शब्द भी न निकला
सभी मौन थे
ऐसा लगता था
कि पांचाली के
अप्रतिम सौन्दर्य ने
सभी को लकवा
मार दिया था।

आपने सुना होगा
आकाश में जब
बिजली कौंधती है
तो एक अनिवर्चनीय सौन्दर्य
ब्योम में बिखर जाता है,
पर जहाँ पर वह धरा में
गिरती है तो वहाँ सब कुछ
जल जाता है।

तभी तो कुछ को छोड़
सभी का विवेक
राख हो चुका था।
भीम ने जब प्रतिज्ञा की
कि दुशासन की
उन भुजाओं को काट डालेंगे
जिनसे उनकी पत्नी को
नग्न करने का प्रयास किया
दुर्योधन की उन जंघाओं को
तोड़ देंगे जहाँ
द्रौपदी को बैठाने का
प्रयास किया गया
पांचाली ने भी
शपथी ली कि
वह दुशासन के रक्त से
सिर धोकर ही
केश विन्यास करेगी
तो आपकी बूढ़ी हड्डियां
कांप उठी
और एक-एक कर
आपने वह सब कुछ
लौटा दिया
जिसे छल से शकुनी ने
दुर्योधन के लिए जीता था।

कुछ ही पलों में
दुर्योधन के बहकावे में
युधिष्ठिर को जबरन वापस बुला

पुनः द्यूत-क्रीड़ा का स्वांग
रचा गया
जिसमें वह फिर अपना
राज्य हार गए
क्रीड़ा की शर्तों के अनुसार
पाण्डवों को बारह वर्ष का बनवास
और एक वर्ष के
अज्ञातवास के लिए
राज्य से बाहर जाना पड़ा।

अज्ञातवास की समाप्ति पर
पाण्डवों ने जब
अपने राज्य की मांग की
तो पांच गांव क्या
सुई की नोंक के बराबर
भी जमीन देने के लिए
दुर्योधन ने इंकार कर दिया
कृष्ण, गांधारी के समझौते
के सभी प्रयास
दुर्योधन ने ठुकरा दिए
सम्राट होते हुए भी
आपने न्याय का
कोई ठोस प्रयास नहीं किया
करते भी क्यों
दुर्योधन का हठ
आपकी कुत्सित महात्वकांक्षाओं
की परछाई ही तो था।
महाभारत युद्ध में विजय श्री पश्चात्
सभी पाण्डव

जब आपके पास वापस आए,
उनमें विनीत भाव तो था ही
साथ ही अकथनीय
विनाश लीला के कारण
आत्मग्लानि भी,

पर आपकी घृणा की लपटे
अभी तक नहीं शांत हुई थी
प्रतिशोध की भावना तो
भीम को ढूंढ रही थी
और आपने उसे
गले लगाने का स्वांग रचा
पर कृष्ण ने भीम की
वह लौह प्रतिमा प्रस्तुत कर दी
जिस पर दुर्योधन ने
तेरह वर्षों तक
भीम के मारने का अभ्यास किया था।

पर यह क्या
आपने उस लौक प्रतिमा को
इस तरह मींचा कि
वह चूर्ण-चूर्ण हो गई
इस घृणित प्रयास में
आपका ही रक्त वाहिनी नलियां
फट गई
और आप अपने ही
खून से लथपथ हो गए थे।
आपने मन में सोचा था कि
आपने भीम की हत्या कर

अपने पुत्रों की हत्या का
हिसाब चुकता कर दिया
चूंकि पाखण्डी तो आप
जीवन भर थे
इसलिए नकली विलाप भी
कर बैठे,
पर जब तक कृष्ण आपको,
वस्तु स्थिति से परिचय कराते
घृणा और ईर्ष्या के
आपके स्वयं के जहरीले
आपके चेहरे को रक्त रंजित कर
आपकी जीवन यात्रा की
सच्ची कहानी कह चुके थे।

4
एक रहस्मय लक्ष्य
(द्रोण खण्ड)

यमराज कक्ष

(बुझी हुई मुस्कान के साथ द्रोण की आत्मा का प्रवेश का आचार्य का नमन कर उन्हें उचित आसन देकर यमराज ने उनका स्वागत किया)

यमराजः आचार्य
यह हम नहीं कर रहे
अपितु आपने ही
भीष्म को बताया था
कि आपका जन्म
माँ के गर्भ से नहीं
अपितु एक सीपी या
दोने से हुआ था
इसलिए आपका नाम
द्रोण पड़ा
इसलिए
अब हमारी समझ में
आ रहा है
कि आपकी मानसिक
विसंगतियों का
मूल कारण क्या है।

आप तो शास्त्रों के
ज्ञाता हैं
और यह तथ्य
विश्व विदित है कि
माँ के रक्त से ही
शिशु आकार
ग्रहण करता है,
और माँ के हृदय के
स्पंदन से ही बच्चा
समर्पण, त्याग
और पीड़ा सहने की क्षमता
सीखता है
हमारी समझ से
शैशव काल की यह रिक्तता
और अधूरापन
आपके मस्तिष्क में
हीन ग्रंथि बन कर
हमेशा के लिए
टिक गया।

हमें आश्चर्य नहीं
जब पांचाल नरेश द्रुपद से
अपमानित तिरस्कृत
होने के पश्चात्
आपके कदम
ब्रह्मावर्त के सबसे सशक्त
एवं गौरवशाली कुरू साम्राज्य
हस्तिनापुर की ओर
अनायास ही मुड़ गए थे।

प्रथम परिचय में ही
आपने ही भीष्म से
निवेदन किया था
कि आपको परिवार पालन के लिए
अर्थ की आवश्यकता थी
और भीष्म ने न केवल
अपार धन का आश्वासन दिया
रहने के लिए महल
साथ ही यह विश्वास भी दिलाया
कि आप शीघ्र ही
मूर्ख द्रुपद के अपमान को
भूल जाओगे
और यहीं से शुरू होती है
आपके रहस्मय लक्ष्य की
रहस्य यात्रा।

उस युग की परम्परा थी
कि छात्र
गुरूकुल में जाकर ही
शस्त्र विद्या एवं
शास्त्रों का अध्ययन
करते थे,
पर आपने
गुरूकुल के बजाय
शक्ति एवं सत्ता के
केन्द्र के समीप
गुरू ग्राम को अपनी
कर्मस्थली चुना,
साथ ही

क्षत्रिय राजकुमारों के
अतिरिक्त किसी अन्य को
शिक्षा न देने का
ब्रत भी ले लिया,
तभी तो आपने
कर्ण और एकलव्य
जैसे प्रतिभाशाली छात्रों को
अपमान और तिरष्कार से
गुरू ग्राम से
वापस भेज दिया था।
आप ही बताइए
अश्वत्थामा कैसे
आपके विद्यालय का
छात्र बन गया
वह भी तो क्षत्रिय राजकुमार
नहीं था
और हमें यह भी पता है
कुरू पुत्रों की
अनुपस्थित में
धनुर्विद्या के अनेक गुर
आप उसे एंकात में
सिखाया करते थे।

तिरष्कृत एकलव्य ने
घने जंगल में
आपकी मिट्टी की प्रतिमा
स्थापित की,
और उस माटी की मूरत से
प्रेरणा ले

अर्जुन से भी श्रेष्ठ
धनुर्धारी बना।
अर्जुन ने जब
विनम्र शब्दों में
इस तथ्य की ओर
संकेत किया
तो आपने एकलव्य के
दाहिने हाथ का अंगूठा ही
गुरू दक्षिणा में
मांग लिया
ऐसा क्रूर एवं लज्जास्पद
व्यवहार की मिशाल
ब्रह्मावर्त के किसी भी
गुरूकुल में
खोजने पर भी नहीं मिलेगी
पर हाँ
माटी की वह द्रोण की मूरत
जो एकलव्य की
प्रेरणा स्रोत थी
हमेशा के लिए
अवश्य खण्डित हो गई।

आप यहीं नहीं
संतुष्ट हुए
और कुरू पुत्रों की
शिक्षा समाप्ति पर
आपने द्रुपद को बंदी बनाकर
लाने की गुरू दक्षिणा मांगी।
हमें आश्चर्य होता है कि

भीष्म और विदुर भी
आपकी चाल न समझ
आपकी मांग का समर्थन कर
एक विशाल सेना
कुरू पुत्रों के साथ भेज दी
यहाँ पर भी
आप अपनी कुटिल चाल
चलने में सफल हो गए
और इसके बजाय कि
सभी राजपुत्रों को
एक साथ द्रुपद से
युद्ध के लिए भेजते
आपने केवल धृतराष्ट्र पुत्रों को भेजा
क्योंकि आप जानते थे कि
दुर्योधन और उसके भाई
इस कार्य को
पूरा करने में
असमर्थ थे,
हुआ भी यही
और तब आपने
पाण्डु पुत्रों को भेजा
जिन्होंने द्रुपद को बंदी बना
आपके चरणों में
डाल लिया
आपका लक्ष्य तो
कुरू राजपुत्रों में
ईर्ष्या के बीज बोने थे।
यहाँ तक की बात की
उपेक्षा भी की जा सकती थी

पर हमारे कान खड़े हो गये
जब आपने
द्रुपद का आधा राज्य लेकर
ही उसे मुक्त किया था।
आखिर क्यों?

अब मैं द्रौपदी के
कुरू सभा में अपमान की
बात करना चाहूँगा
आप भूल गए कि
पांचाली
आपके प्रिय शिष्य
अर्जुन की भी पत्नी थी
जिसकी बदौलत आपको द्रुपद के आधे राज्य का
स्वामित्व मिला था,
पर पूरे प्रकरण में
आप चुप रहे
जब द्रौपदी ने
आपसे सीधा प्रश्न किया
कि क्या वह दासी है
तो आप चुप रहे
सच पूछा जाय तो
महाभारत युद्ध की नींव
आपके मौन ने ही डाली थी।

भीष्म जब
वाणों की शैय्या पर
अंतिम सांसे गिन रहे थे
यह जानते हुए भी

कि आप वृद्ध हो चुके थे
दुर्योधन ने
आपको वरीयता देकर
कुरू सेन का
सेनापतित्व का दायित्व
सौंपा था,
पर जब आपका
सैनिक नेतृत्व
बार-बार असफल हो रहा था
तो आपने
युधिष्ठिर को धोखे से
बंदी बनाने की
घृणित योजना ही
बना डाली।

अर्जुन को धोखे से
युद्ध भूमि से दूर,
एक छद्म युद्ध में भेज
आपने अपनी योजना को
मूर्त रूप देने की चेष्टा की,
आपने सोचा था कि
भीष्म के सेनापतित्व में ही
दो चार दिन में ही
युद्ध का निर्णय हो जाएगा।
पर ऐसा नहीं हो पाया
और आपका आत्म विश्वास
भी ढहना शुरू हो गया था।
युधिष्ठिर को युद्ध बंदी बनाने में भी
आप असफल रहे,

अर्जुन के युद्ध-भूमि में
न रहने के बावजूद
पाण्डु सेना सेनापति के शौर्य
और अद्‌भुत बुद्धि कौशल के समक्ष
एक नहीं अपितु
दो सघन प्रयासों के बावजूद
आप अपनी योजना में
असफल रहे।

पर आपका मन
हार मानने को तैयार नहीं था
एक अन्य शर्मनाक योजना
रची गई।
आप जानते थे कि
पाण्डव सेना में अर्जुन के अतिरिक्त
अन्य कोई योद्धा
चक्रव्यूह भेदन में
समर्थ नहीं था
इसलिए इस बार भी
छलावे से
अर्जुन को मुख्य रणभूमि से दूर रखा गया,
यहाँ पर भी
आपका अनुमान
गलत सिद्ध हुआ
क्योंकि अभिमन्यु ने यह युद्ध कौशल
माँ के गर्भ में ही
अर्जुन से सीख लिया था,

यह बात अवश्व सच है कि वह
चक्रव्यूह से बाहर निकलने
की कला से अनभिज्ञ था।

पर उस अभिमन्यु ने
मृत्यु का ऐसा ताण्डव खेला
कि कौरव सेना
हार के कगार पर
पहुँचने वाली थी,
क्योंकि थोड़ी ही देर में
युद्ध विराम के शंखों का
उद्घोषणा होने वाला था,
आपने आचार्य कृपाचार्य,
अश्वत्थामा, कर्ण एवं
कृतिवर्मन से मंत्रणा की
और इस निष्कर्ष पर पहुँचे कि
आमने सामने से युद्ध में
अभिमन्यु को पराजित
नहीं किया जा सकता था
और हार से बचने के लिए
अभिमन्यु की हत्या
आवश्यक थी।

आपके आदेश से
कर्ण, अभिमन्यु के पीछे जाकर
उसके धनुष की
प्रत्यंचा काट डाली,
आचार्य कृपाचार्य ने
अभिमन्यु के अंग रक्षकों की

हत्या कर दी,
आपने उसके रथ के
अश्वों को मार डाला,
कृतिवर्मन ने उसके
रथ को नष्ट कर दिया
और उस निहत्थे
रणबांकुरे पर
आप सभी महारथी
प्राणघातक प्रहार करते रहे।

निहत्था अभिमन्यु
रथ का पहिया लेकर ही
आप पर हमला
करने के लिए
दौड़ पड़ा
बाद है उसने आपको
हमला करने के पूर्व
क्या कहा था?
आप भूल गए होंगे
पर हम नहीं भूले
उसने तो यही कहा था
''आप मेरे पिता श्री के गुरू हैं
और उन्होंने मुझे
यही सिखाया था कि
आप एक महान योद्धा है
पर आपके कृत्य तो
कायरतापूर्ण हैं''
आप अभिमन्यु की
हत्या में सफल तो

अवश्य हो गए
पर मृत्यु के पहले
लड़खड़ाते शब्दों के
उसके एक वाक्य ने
आपके आचार्यात्व पर
ऐसी कालिख पोत दी
कि हजारों वर्षों से
आप उस कलंक को
नहीं धो पाए।
एक रात
हमारे दूत
वीर सैनिकों की हताहत
संख्या का लेखा-जोखा करने
कुरूक्षेत्र में मौजूद थे,
उन्होंने देखा कि
रणक्षेत्र में
आसपास पड़ी लाशों के बीच
आपकी आंखों से
आत्मग्लानि और
पाश्चाताप के आंसुओं की
अविरल धारा
बह रही थी,
उस समय आप मन ही मन
सोच रहे थे कि
द्रुपद से प्रतिशोध
लेने की भावना से
आपको हस्तिनापुर
नहीं जाना चाहिए था,
और यदि चले भी गए थे

तो कुरू पुत्रों की
शिक्षा की समाप्ति पर
वन की ओर
लौट जाना चाहिए था।
आपने यह भी
महसूस किया था
कि द्रौपदी के चीरहरण के समय
आपको मौन
नहीं रहना चाहिए था,
आपने यह भी
महसूस किया था
कि आप एक आदर्श गुरू के
दायित्व का पालन भी
नहीं कर पाए
क्योंकि धृतराष्ट्र पुत्रों में
पाण्डवों के प्रति जो
ईर्ष्या एवं घृणा थी
उसका शमन
आप कभी नहीं कर पाए।

आपने यह भी
महसूस किया था
कि पाण्डवों की शपथ से
जब दुर्योधन
हमले की आशंका से
भयभीत था
तो बिना सोचे विचारे
आपने उसे यह आवश्वासन

दे दिया कि
युद्ध होने पर
आप दुर्योधन का ही
साथ देंगे,
और अपने महसूस किया था
कि संभवतया
वह अवसर था
जब आपने अपनी छवि
एवं प्रतिष्ठा को
बचाने का अंतिम अवसर
खो दिया था।

पर हम कैसे विश्वास करें कि
आत्मग्लानि के क्षणों में
आपके ये विचार
सचमुच आपकी
आत्मा की आवाज थे,
क्योंकि दुर्योधन के
उकसाने पर
प्रातः होते ही
आपके दिव्य अस्त्रों से
पाण्डु सेना के
वीर सैनिकों की
बलि चढ़ाई जा रही थी।

आखिर कृष्ण कब तक
इस भीषण नर संहार को
अनदेखा करते,

कृष्ण को पता था
कि आप शस्त्रों का परित्याग कर देंगे
यदि आपके मस्तिष्क में
यह बात डाल दी जाय कि
अश्वत्थामा मार दिया गया है,
इसीलिए उन्होंने
युधिष्ठिर को अधर्म के लिए
प्रेरित कर
''अश्वत्थामा हतो
नरो या कुंजरो का''
झूठ बुलवाया।

तब भी
आपमें कोई अंतर नहीं आया
और भीषण नरसंहार में
और अधिक जोश से
व्यस्त हो गए,
आपने अपने शस्त्र
तभी डाले
जब भीम
अपना आपा खो बैठे
और अपशब्दों से
आपकी निंदा
यह कहते हुए की
क्या करोगे उन
स्वर्ण मुद्राओं का
जब वह अश्वत्थामा

ही मर गया
जिसके लिए आप
नरसंहार कर रहे थे।
भीम यही नहीं चुप रहे
ऐस कह कर
वायुपुत्र ने जमीन पर
थूक भी दिया था
शायद आपके आत्मसम्मान को
इतनी बड़ी चोट पहुँचाने का
दुस्साहस
भीम ही कर सकते थे,
आत्मग्लानि से आपने अपने
अस्त्र-शस्त्र जमीन पर
रख दिए और ध्यानमग्न हो गए
धृष्टद्युम्न को तो
इसी पल की प्रतीक्षा थी
और उसने आपका सिर
धड़ से अलग कर दिया।

आपको सूचना
अवश्य मिली होगी
कि आपके बध के पश्चात्
पाण्डु दल के सेनानायकों में
आपकी हत्या के औचित्य पर
भीषण बहस हुई थी,
धृष्टद्युम्न और सात्यकी तो

गदा-युद्ध पर उतर आये थे
विजय की रंगरेलियां
मनाने के बजाय वह
नैतिक, अनैतिक
उचित, अनुचित
विवेक और अविवेक
धर्म और अधर्म की
व्याख्या में
सारी रात उलझे रहे।
काश आप भी अपने
आपसे कभी यदि यह
प्रश्न उठाए होते
तो परिणाम कुछ और होते।

वैसे आप उत्तर देने के लिए
बाध्य नहीं है
क्योंकि कुछ प्रश्न
सदैव अनुत्तरित रहते हैं,
फिर भी मैं पूंछना चाहूँगा।
आपको आपके गुरू ने आपको
"नारायण अस्त्र" दिया था
पर उसे आपने अश्वत्थामा को ही
क्यों दिया?
आपकी हत्या के पश्चात्
उसने इस दिव्यशास्त्र का
कुरूक्षेत्र में प्रयोग भी किया
यह एक ऐसा दिव्य अस्त्र था
जिसे निष्क्रिय करने के लिए

कृष्ण और पाण्डु सेना को
धरती में लेटकर
नमन करना पड़ा था
नहीं तो सभी जलकर राख हो जाते।
मुझे मालूम है इसका
उत्तर आप देंगे नहीं
पर प्रश्न तो
उठाए ही जा सकते हैं।

5

अहंकार

(दुर्योधन खण्ड)

(खुली एवं टूटी जंघाएं लिए कराहते-कराहते डंडे का सहारा लेते हुए दुर्योधन की आत्मा का प्रवेश। यमराज चित्रगुप्त को आदेश देते हैं कि वह विकलांग को बैठने की उचित व्यवस्था करें)

यमराजः हर व्यक्ति में
कोई न कोई
महत्वाकांक्षा होती है
जिसका उद्देश्य
अपने जीवन की सार्थकता
सिद्ध करने का प्रयास होता है,
पर यदि ऐसे सोच में
व्यक्तिगत स्वार्थ
और मात्र आत्म-गौरव का
विस्तार हो
तो विचारों में विकृतियों का
उपजना स्वाभाविक है।

पहला कदम तो आपने
यह उठाया कि
स्वयं को एवं अपने

अन्य सगे भाईयों को
'कौरव' की संज्ञा दे डाली
ताकि कुरू वंश के
मात्र वारिस बन
आप सिंहासन हथिया सके।
आप तो विलासितापूर्ण
परिवेश में पले थे
और जब आपने
पाण्डु पुत्रों को
मृगछाल एवं वल्कल वस्त्रों
में पहिली बार देखा
तो पता नहीं आप क्यों
उसी दिन से
उनसे घृणा करने लगे,
पाण्डु पुत्र जब अपने
सौम्य और शिष्ट व्यवहार से
जनमानस में
प्रिय होने लगे
तो आप उनसे ईर्ष्या भी
करने लगे।

तुलसी ने भी
मानस में लिखा है
"सुमति कुमति सबके उर रह ही"
तुम में यदि सुमति
मन के किसी होने में
रही भी होगी
तो स्वार्थों की आंधी में

खोखले दरख्त की तरह
ढह गई थी
क्योंकि आपने कुरू राज्य के
भावी सम्राट के
सपने देखना
शुरू कर दिया था।
जब तक पाण्डु पुत्र
हस्तिनापुर नहीं आए थे
तुम भीष्म के लोलरवा थे,
वह अपना समूचा स्नेह और प्यार
तुम्हीं पर उलीचे जा रहे थे
पर पाण्डु पुत्रों के
आने के पश्चात्
वह स्नेह बट गया
और पाण्डु पुत्रों के प्रति
तुम्हारी घृणा और ईर्ष्या को
अनुकूल हवा भी मिल गई।
धृतराष्ट्र का
कुरू सिंहासन पर बैठना
तो अंतरिम व्यवस्था थी,
और नई पीढ़ी में
ज्येष्ट होने नाते तो
अंततः युधिष्ठिर
ही भावी सम्राट बनते
पर यह बात तुम
कभी नहीं पचा पाए।

तुम्हारा कुटिल मन
बहुत दूर की सोचता था,
तुम जानते थे
यदि ऐसा हुआ तो भी
सिंहासन छीना जा सकता था,
पर यदि ऐसा करना पड़ा
तो सबसे बड़ा रोड़ा
भीम ही होगा
क्योंकि पाण्डु पुत्रों में
सबसे बलिष्ठ वही था
और साम्राज्य का भावी प्रधान सेनापति भी।
भीम को
अपनी महत्वकांक्षाओं के मार्ग से
हमेशा के लिए
निकालने का प्रयास
तुम अकेले नहीं कर सकते थे
और शकुनी के सहयोग से
पर्णकुटी में गंगा तट पर
आमोद-प्रमोद की
योजना बनाई गई
भीष्म भी प्रसन्न हुए
यह समझकर कि
दो परिवारों के बीच
कटुता समाप्त हो रही है।

भीम भोजन भक्त तो थे ही
इसीलिए आपने स्वयं ही
विष मिश्रित मिष्ठानों को

भीम को परोसा
जब जहर ने
अपना असर शुरू कर दिया
तो उसे रस्सियों से बांध
चोरी से गंगा में डुबों दिया
यह सोचकर कि
भीम अकेले ही हस्तिनापुर
लौट गए होंगे
सभी राजपुत्र भी
लौट आए
पर आपको बहुत बड़ा
धक्का लगा
जब भीम भी
कुछ दिन बाद
हस्तिनापुर सुरक्षित लौट आए।
इस बीच
रोटी के जुगाड़ में
द्रोणाचार्य भी हस्तिनापुर
पहुँच गए,
और चूंकि भीष्म उनकी
शैक्षणिक प्रतिभा से
भलीभांति परिचित थे
उन्होंने सभी राजपुत्रों को
गहन प्रशिक्षण के लिए
उनके कुशल हाथों में
सौंप दिया।
अर्जुन न केवल द्रोण के
सबसे प्रिय शिष्य बने

अपितु एक महान धनुधारी भी
और अब तो अर्जुन भी
आपकी आंखों की किरकिरी बन गए
साथ ही सिंहासन के लिए
सबसे बड़ा अवरोध।

गुरू ग्राम में
प्रशिक्षण के पश्चात्
द्रोण ने अपने छात्रों की
निपुणता को परखने के लिए
एक प्रदर्शन प्रतियोगिता का
आयोजन किया,
अनायास एक अनजाना योद्धा
भी अपने कौशल के
प्रदर्शन के लिए प्रकट हुआ।

नवागंतुक कर्ण का
इस प्रदर्शनी में
बड़ा अपमान हुआ
जब आचार्य कृपाचार्य ने
उसकी वंशावली के
विषय में प्रश्न उठाए
और संतोषजनक उत्तरों के
अभाव में
उसे अयोग्य घोषित कर दिया।

अर्जुन का प्रतिद्वन्दी तो
आपको घर बैठे मिल गया
आपने तुरंत ही कर्ण को

अंग देश का राजा बना दिया
ताकि प्रतियोगिता में
भाग ले सके,
धृतराष्ट्र से
अपने निर्णय की
तुरंत ही पुष्टि करवाई
आखिर सम्राट भी तो
यही चाहते थे
क्योंकि भविष्य में
निश्चय ही ऐसा बांकुरा
अत्यन्त उपयोगी ही सिद्ध होगा।

पांडवों को अपने रास्ते से
हटाने का भूत
आपका पीछा
नहीं छोड़ रहा था
और इस बार मामा शकुनी की
सहायता से
आपने कुंती समेत
सभी पाण्डवों की हत्या की
योजना बनाई।
धृतराष्ट्र की आज्ञा से
पाण्डवों को एक वर्ष के
प्रवास के लिए
जबरन वाराणसी भेजा गया
वहाँ लाख भवन का
निर्माण कराया गया
ताकि उसमें सभी को
जिंदा जलाया जा सके।

किसी भी गुप्त योजना
की सफलता
तभी संभव होती है
जब उस योजना के
हर पहलुओं की
पुख्ता सुरक्षा की
व्यवस्था की जाय,
पर विदुर को
समूची योजना की
भनक मिल चुकी थी
चलते चलते उन्होंने
सांकेतिक भाषा में
युधिष्ठिर को पूरी घृणित योजना
न केवल समझा दी
अपितु हर संभव
सहायता की ताकि
वह वहाँ से
बचकर निकल सकें।

पाण्डव परिवार
विदुर के बनवाये हुए
गुप्त मार्ग से बच निकले
और आप मन ही मन
पुलकित होकर
गंगा में उनका तर्पन
कर रहे थे
साथ ही अपने स्वर्णिम

भविष्य का सपना भी
साकार होते देख रहे थे।
पाण्डव भी अब तक
तुम्हारी नीयत से
परिचित हो चुके थे
और यह सोचकर कि
तुम्हारे गुप्तचर
जरूर उनका पीछा
कर रहे होंगे
वह एक वर्ष तक
जान बचाने के लिए
जंगलों में भटकते रहे।

द्रौपदी के स्वयंबर की
सूचना पाकर
पाण्डव वहाँ पहुँच ही गए,
धनुर्धारी अर्जुन ने
न केवल थिरकती मछली की
आंख का उसकी परछाई
देख कर भेदन किया
अपितु द्रुपद नरेश से
एक अटूट गठबंधन भी
बना लिया।
आपकी घृणित योजनाओं
के अमेद्य दुर्ग में
अब तक सेध लग चुकी थी
और भीष्म के सिर के
ऊपर से पानी निकल गया था

उन्हें दृढ़ विश्वास
हो गया कि यदि पाण्डु पुत्र
हस्तिनापुर के ही महलों में
तुम्हारे साथ ही रहें तो
तुम्हारी खोटी सोच और ओछी चाल से
कुरू वंश का विनाश
कोई नहीं रोक सकता।

भीष्म ने भरी सभा में
धृतराष्ट्र से निवेदन किया कि
पाण्डु पुत्र भी कौरव है
और उन्हें साम्राज्य में
उतना ही हक है
जितना धृतराष्ट्र पुत्रों को
द्रोण ने भी भीष्म का
समर्थन किया।
विरोध के बावजूद
धृतराष्ट्र को भीष्म की
बात माननी पड़ी
और उन्होंने खाण्डव प्रस्थ
जो कि कुरू साम्राज्य के
आए हिस्से के बराबर तो
जरूर था
पर था एक शापित क्षेत्र
जहाँ कांटों के अतिरिक्त
कुछ नहीं उगता था
पाण्डवों को दे दिया।

कहते हैं
कितना भी सींचा जाए
केला अच्छे फल नहीं देता
जब तक उसे काटा छांटा न जाय,
और अनजाने में
तुम अभी तक
पाण्डु पुत्रों को
काट छांट ही तो रहे थे
अपने शिष्ट एवं सौम्य व्यवहार
संयम, दृढ़ विश्वास एवं
बलिष्ठ भुजाओं और जन सहयोग से
पाण्डवों ने
खाण्डव प्रस्थ को
शस्य श्यामलता धरती में
बदल दिया
ऊंची-ऊंची अट्टालिकाएं
चौड़े राजपथ
हरे भरे उपवन
विकास की कहानी कह रहे थे
राजकोष में अपार धन
भर गया
और खाण्डव प्रस्थ अब
इन्द्र प्रस्थ बन गया था।

समय आने पर
पाण्डवों ने
राजसूय यज्ञ भी किया

यह केवल उनका
यज्ञ नहीं था
अपितु तुम्हारा भी
तभी तो राजकोष का
पूरा दायित्व
तुम्हें ही सौंपा गया था।
इन्द्र प्रस्थ से लौटने के पश्चात्
तुम अस्त व्यस्त रहे
दिन रात मदिरा में डूब
केवल विलाप करते रहे
जब शकुनी ने
तुम्हारे हालात का
कारण जानना चाहा तो
तो आपने बिना शर्म
उससे यही कहा कि
वह तुम्हें विश्व सम्राट बना दे
नहीं तो ईर्ष्या की भूख
उसे ही लील जाएगी।

शकुनी चाहता भी यही था
और येन केन प्रकारेण
विदुर के घोर विरोध के वावजूद
द्यूत क्रीड़ा के लिए
धृतराष्ट्र की सहमति
प्राप्त कर ली,
नकली पांसों का प्रयोग कर
शकुनी ने आपके लिए

पाण्डवों का साम्राज्य,
सेना और राजकोष
जीत लिया
पर आप यही पर
संतुष्ट नहीं हुए।

तुमने युधिष्ठिर को
ऐसा विवश किया
कि वह स्वयं एवं अपने बंधुओं सहित
द्रौपदी को भी
जुए में हार बैठे
भरी राजसभा में
पाण्डवों के राजकीय परिधानों को
उतरवा कर उन्हें
दासों के कपड़े
पहिनाए गए,
पर आप तो बिना लगाम के
घोड़े थे,
द्रौपदी को सभा भवन में
केश पकड़ कर
घसीट कर लाया गया
और जब वहाँ
सभासदों से न्याय की
गुहार लगा रही थी
तो आपने दुशासन को
आदेश दिया कि
उसे नंगा कर
तुम्हारी नंगी जंघाओं
पर बैठा दे।

हमें बहुत आश्चर्य
होता है
कि विश्व सम्राट
का सपना पालने वाला
व्यक्ति ऐसा
निंदनीय प्रयास भी
कर सकता है
जिसका वर्णन
हमारी लेखनी भी
अभियोग पत्र में
नहीं कर सकती
पर ईर्ष्या एवं घृणा से
तुम्हारा विवेक
पूरी तरह अंधा हो गया था।

भीम और द्रौपदी ने
क्या प्रतिज्ञाएं की
इसकी हम पुनरावृत्ति
नहीं करेंगे,
पर उनकी शपथ से
अंधे और बूढ़े सम्राट की
हड्डियां भय से
कांप उठी थी
और हड़बड़ाहट में
उन्होंने युधिष्ठिर को
वह सब कुछ

लौटा दिया
जिसे शकुनी ने
तुम्हारे लिए छल से
जीता था।
पर लोभ के दानव ने
आपको इस तरह
जकड़ रखा था कि
इतना सब कुछ पाकर
आप एक पल में
खो देना नहीं चाहते थे,
आपके उकसाने पर
बीच रास्ते से
पुनः युधिष्ठिर को
द्यूत क्रीड़ा के लिए
बुलाया गया
और फिर वहीं छल का
नाटक रच गया कि
युधिष्ठिर पुनः अपना
सब कुछ गंवा बैठे।

क्रीड़ा की शर्तों के अनुसार
पाण्डु पुत्रों को
मिला बारह वर्षों का बनवास
और एक वर्ष का अज्ञात वास
पर यदि अज्ञात वर्ष में
पकड़े गये तो
बारह वर्षों का पुनः बनवास

आपकी यह योजना थी
पाण्डवों की अनुपस्थित में
आप उन सभी राज्यों को
अपने पक्ष में मिला लेंगे
जिन्होंने राजसूय यज्ञ के समय
इन्द्र प्रस्थ में
अपनी निष्ठा व्यक्ति की थीं

वनवास एवं अज्ञातवास
से लौटने के पश्चात्
जब उन्होंने अपने राज्य को
वापस मांगा
तो आपने साफ इंकार
कर दिया
युद्ध के अतिरिक्त
अब पाण्डवों के पास भी
कोई विकल्प नहीं बचा था।

इन तथ्यों के बावजूद
पाण्डवों ने
युद्ध को टालने के लिए
विद्वत समाज एवं
परिजनों की बैठक बुलाई कि
किस प्रकार युद्ध को
टाला जा सकता है,
हमारा सुखद अनुभव
यह रहा है कि

भीम जो स्वभाव से ही उग्र
और सदैव आवेश में
रहता था
उसने भी युद्ध की निरर्थकता पर
गंभीर प्रश्न उठाए
चीरहरण के समय की
सभी अपमानजनक घटनाओं
एवं अपनी शपथों को भूल
कृष्ण से भीम ने यही
निवेदन किया कि
उसकी अंतरात्मा परिजनों की
हत्या का बोझ नहीं
ढो पाएगी।
अर्जुन और नकुल ने भी
भीम का समर्थन किया।
अवश्य ही
जब कृष्ण ने इस विषय में
द्रौपदी का मत जानना चाहा
तो वह अवश्य
विफर गई थी
पर यह स्वाभाविक ही था
आखिर तेरह वर्षों तक
अपने अपमान के साथ
वह अपनी सांसों को भी
ढो रही थी।

अंततः सर्वसम्मत
यही निणर्य लिया गया
कि कृष्ण हस्तिनापुर जाएं
और हर संभव प्रयास करें
कि युद्ध टाला जा सके,
तभी अत्यन्त विनीत भाव से
सभा के निर्णय को
सम्मान देते हुए
कृष्ण हस्तिनापुर रवाना हुए।
यहाँ पर भी तुमने
कृष्ण का अपमान
तो किया ही
साथ ही कृष्ण को बंदी
बनाने का प्रयास घृणित प्रयास भी।
पर उनके विराट रूप को देख
अपनी चाल में
तुम असफल हो गए।
बात आगे न बढ़े
गांधारी को भी राजसभा में
बुलाया गया
तुमने मां की अवज्ञा की
तो गांधारी ने यहीं तो
कहा था कि
"जो अपने मन पर शासन
नहीं कर सकता
वह सम्राट बनने का
सपना कैसे देख सकता है?"

समूचे महाभारत युद्ध में
तुम्हारा व्यवहार
अत्यन्त निदंनीय रहा
यदि भीष्म चाहते तो
वह भी सत्यवती के साथ
प्रायश्चित के लिए
वन चले जाते,
द्रोण भी कोई
और डगर पकड़ लेते
पर उनकी निष्ठा पर
प्रश्न चिह्न उठा
तुम सदैव उनकी भर्त्सना
करते रहे
ईश्वर ने मनुष्य को
न केवल वाणी दी
अपितु साथ में मस्तिष्क भी
यह समझ कर
वह अपने विचारों को
संयम में ढाल लेगा
पर तुम्हारे बड़बोलेपन
का मूल कारण तो
तुम्हारा खोखला
अहंकार ही तो था
और यही तुम्हारी
दुर्गति का कारण भी।
तुम्हे याद होगा
जब भीम ने

गदा युद्ध में तुम्हारी दोनों जंघाएं
तोड़ दीं थीं
तो वह तुम्हारे सिर को भी
चकनाचूर कर देना चाहता था
पर कृष्ण ने उसे
ऐसा नहीं करने दिया
क्योंकि वह चाहते थे
कि तुम स्वयं
अपने कुकृत्यों के प्रायश्चित में
तिल तिल कर मरों।
पर तुम कभी नहीं बदले
इसीलिए एक ओर जब
गिद्ध सियार और
अन्य वन्य जीव
तुम्हारे रक्त एवं मांस से
भूख और प्यास
बुझाने में व्यस्त थे
पाण्डवों के प्रति
तुम्हारी ईर्ष्या
द्वेष,
घृणा
और लोभ
पुनः जीवंत
हो उठा था
तभी तो
मृत्यु के उन क्षणों में भी
अश्वत्थामा का
तुमने कौरव सेना के

सेनापतित्व के लिए
अभिषेक किया था
क्योंकि उसने आश्वासन दिया था
कि वह कृष्ण समेत
सभी पाण्डवों का वध कर
तुम्हें सम्राट के रूप में
देखना चाहता था
तुमने सोचा कि
यदि एक अंधा
सम्राट बन सकता था
तो टूटी जंघाओं के बावजूद
तुम विश्व सम्राट
कैसे नहीं बन सकते।

तुम्हें ज्ञान और
अनुभव की बातें
कभी नहीं सुहाई,
भीष्म एवं द्रोण का
सदैव निरादर किया,
विदुर को तो दासी पुत्र
हर कर हमेशा
अपमानित ही किया,
मां गांधारी के दूध की
लाज भी तुमने नहीं रखी
उसने तो यही कहा था कि
कमजोरियाँ ही व्यक्ति का
सबसे बड़ा शत्रु होती है
और उसे हर व्यक्ति

शत्रु के रूप में दिखता है।
हम नहीं कहेंगे
पर तुम्हीं बताओ
लाखों लोगों की मृत्यु
और महाभारत के विनाश का
कारण कौन है
जिसके कारण
समुचा ब्रह्मावर्त
अंधेरे में डूब गया,
तुम्हारा मौन
अब तुम्हारी ढाल
नहीं बन सकता
उत्तर तो तुम्हें ही
ढूंढने पड़ेंगे।

6

आस्तीन का साँप

(शकुनी खण्ड)

यमराज कक्ष

(टेढ़ी चाल से लड़खड़ाते-लड़खड़ाते शकुनी का प्रवेश)

यमराजः हमें आपका स्वागत करते हुए
भी एक अजीब सा भय
लग रहा है क्योंकि जिस
घर में आपका स्वागत होता है,
घर की तो बात छोड़ो आप तो
कुटुम्ब के साथ उनके समाज
को भी तबाह
कर देने की
अद्‌भुत क्षमता रखते हैं
आप तो
गौरवान्वित महसूस करते होंगे
कि आपको भी
भीष्म, द्रोण एवं कर्ण की
श्रेणी में रखा गया है

और उनके साथ
कंधे से कंधा मिला
आप कटघरे में खड़े हैं
पर कारणों में
बहुत अंतर है

भीष्म, द्रोण एवं कर्ण
यदि चाहते तो
महाभारत रोक सकते थे
उनमें ज्ञान और अनुभव था
पर आपने तो मात्र
महाभारत रचाने के
उद्देश्य से ही
कुरू महलों में
शरणार्थी की तरह
चुपके से प्रवेश
किया था।

सम्राट की अनुकंपा से
आपने राज्य की
सभा परिषद् में भी
सत्ता हथियाली,
और ब्रह्मावर्त के इतिहास को
ऐसा मोड़ दिया
भीष्म तो क्या
कृष्ण एवं गांधारी
भी असहाय और
असफल हो गए।

एक बहुत बड़ा
गुण था आपमें
और वह था व्यक्ति की
जटिल मानसिक गुत्थियों को
समझने की क्षमता
और अपने हितों के
संबंर्धन में
उनका प्रयोग एवं
दुरुपयोग करना।
आपके पूरे
हस्तिनापुर के प्रवास में
हमने कभी आपके और
गांधारी अथवा धृतराष्ट्र
के बीच न तो कोई
अंतरंगता देखी,
न ही किसी अर्थपूर्ण संवाद में
उलझा पाया
आपने केवल दुर्योधन को चुना
उसके गुण, अवगुण और
दुर्बलताओं का गंभीर
अध्ययन एवं आकलन किया
और सबके देखते देखते
इसके पहले कि
कोई आपको समझ पाता
कुरूक्षेत्र में
शंखों का उद्घोष
गूंज उठा था।

हमने भी आपके मस्तिष्क की
जटिल सोच का
विश्लेषण किया है
गांधारी का धृतराष्ट्र के साथ
विवाह का प्रस्ताव लेकर
जब संदेश वाहक गांधार
पहुँचा था
तो आप सभी ने
विरोध किया था
पर काशी नरेश की
कन्याओं के स्वयंबर की
घटनाओं से गांधारी
पूरी तरह परिचित थी

इसलिए उसने जन्मांध धृतराष्ट्र
से विवाह की स्वीकृति दे दी,
अपमान यहीं नहीं
समाप्त हुआ
तुमको स्वयं हस्तिनापुर जाकर
गांधारी को सौंपना पड़ा
और उस दिन से कुरू साम्राज्य
आपकी आँखों की
किरकिरी बन गया।

हर परिवार में
बच्चों में
बाल सुलभ प्रतिद्वन्दिता होती है,
पर पानी के बुलबुलों की तरह

वह सामाप्त भी हो जाती है,
वैमनस्य का रूप
तो कभी नहीं लेती
भीम और दुर्योधन के साथ भी
अक्सर यही हुआ करता था,
दोनों बलशाली थे
उग्र स्वभाव के थे
पर भीम निश्छल स्वभाव का था
किसी भी नोंक झोंक को
गांठ नहीं बांध लेता था।
पर दुर्योधन तो
इसका विलोम था,
और तुमने उसकी इस प्रकृति का
भरपूर दुरुप्रयोग किया,
उसके मन में
यह विष घोल दिया कि
युधिष्ठिर सम्राट बनेगा
और उसकी हैसियत
कुरू साम्राज्य में
एक दास से अधिक
कुछ नहीं होगी।

तुमने दुर्योधन को इस बात का विश्वास दिला दिया कि
भीम ही युधिष्ठिर की
सच्ची ताकत होगी,
बलशाली जो था,
और यह आवश्यक था कि
भीम से सदा के लिए

छुटकारा पा लिया जाए
गंगा तट किनारे
आमोद-प्रमोद का आयोजन
आपने करवाया,
विषाक्त मिष्ठान
तुमने दुर्योधन से
उसे खिलवाए
और बेसुध होने पर
चोरी से गंगा में
डुबो दिया।
पर कुछ व्यक्ति
विपत्तियों में और अधिक
शक्तिशाली बन उभरते हैं
वह कुछ नहीं हुआ जो
तुम चाहते थे
और कुछ दिनों पश्चात्
भीम सकुशल
हस्तिनापुर आ गया।

समय के साथ-साथ
युधिष्ठिर अपने व्यवहार से
अर्जुन अपनी अद्वितीय
धनुर्धारी प्रतिभा से
साथ ही अन्य पाण्डु पुत्र भी
राज्य के जनमानस में
एक प्रतिष्ठित स्थान
बना चुके थे
और हस्तिनापुर की प्रजा

युधिष्ठिर को
भावी सम्राट के
रूप में देख
अपने आपको
भाग्यशाली महसूस कर रही थी।
पहले तो मात्र भीम ही
आपकी आंख का
किरकिरी था,
पर अब तो
सभी पाण्डु पुत्र
आपके हृदय में
कांटे की तरह
चुभ रहे थे,
इसलिए दुर्योधन को
उकसा कर
सभी पाण्डवों की
हत्या की योजना बना डाली।
धृतराष्ट्र की अनुमति से
और दुर्योधन के सहयोग से
आपने पाण्डवों को
एक वर्ष के अवकाश के लिए
कपट से राजाज्ञा, दिलवाई

लाख एवं अन्य ज्वलनशील पदार्थों से
वाराणसी में एक महल बनवाया
ताकि योजना के अनुसार
कुंती समेत

सभी पाण्डवों को
वहाँ जिंदा जला दिया जाय।

शुभचिंतकों के सहयोग
एवं प्रयासों से
और गुप्त मार्ग से
पाण्डव परिवार यहाँ से निकलकर
जान बचाने में
सफल हो गया,
आपने अवश्य
लाख भवन के कुछ सेवकों की
हड्डियों को
गंगा में विसर्जन किया
औन उनकी आत्मा की
शांति के लिए,
ऐसे घड़ियाली आंसू बहाए
कि गंगा मैया भी
लज्जित हो गई थी।
धृतराष्ट्र तो
नाम के रूप में सम्राट
वास्तविकता में तो
भीष्म ही शासन कर रहे थे,
और जब पाण्डु पुत्र द्रौपदी को
स्वयंबर में जीत
हस्तिनापुर में प्रकट हो गए
तो दुखद और चिंतनीय
पारिवारिक कलह को
रोकने के लिए

उन्होंने राज्य का
बंटवारा करा दिया।

धृतराष्ट्र की कुटिल चाल से
पाण्डवों को
श्मशान घाट की तरह
निर्जन खाण्डव प्रस्थ
हिस्से में दिया गया
पर अपने पौरुष एवं
कर्मठता से पाण्डवों ने
एक भरा पूरा सम्पन्न
राज्य खड़ा कर दिया,
राजसूय यज्ञ भी किया
आपके सभी षडयंत्रों से
भलीभांति परिचित
होते हुए भी
आपको मात्र इसलिए
सम्मान दिया
ताकि आप
अपनी प्रकृति में
बदलाव ला सकें।
पाण्डवों के राजसूय यज्ञ से
दुर्योधन की ईर्ष्या की ज्वाला
और धधक उठी
और जब उसने
तुमसे निवेदन किया
कि उसे पूरे विश्व का
सम्राट बनाने में

तुम उसे सहयोग दो
तो तुम्हें और क्या चाहिए था?
अंधे को दो आंखें।

विदुर के प्रखर विरोध के वावजूद
धृतराष्ट्र ने द्यूत क्रीड़ा की
स्वीकृति दी
उनके अंदर भी तो
दुर्योधन को विश्व सम्राट बनाने की
कामना पेगे मार रही थी।
नकली पांसों का
क्रीड़ा में प्रयोग कर
तुमने युधिष्ठिर का
पूरा साम्राज्य सेना
राजकोष और यहाँ तक कि
युधिष्ठिर स्वयं एवं अन्य पाण्डु पुत्रों के साथ
द्रौपदी को भी
जुए में जीत लिया।
पाण्डवों को दास
बना लिया गया,
द्रौपदी को राजसभा में
घसीट कर
जब निर्वस्त्र करने की
चेष्ट की गई,
तो भीम और द्रौपदी ने
ऐसी शपथें ली कि
धृतराष्ट्र की बूढ़ी हड्डियाँ
चरमरा गई

और भय से उन्होंने
वह सब कुछ लौटा दिया
जिसे छल कपट से
तुमने दुर्योधन की
झोली में डाल दिया था।
तुम्हरी धूर्तता के आगे
धृतराष्ट्र की एक न चली
और बीच रास्ते से
युधिष्ठिर को द्यूत-क्रीड़ा के लिए
पुनः बुलाया गया
और इस बार भी वह
अपना साम्राज्य
हार गए।
क्रीड़ा की शर्तों के अनुसार
बारह वर्षों का वनवास
और एक वर्ष के
अज्ञातवास के लिए
पाण्डु पुत्रों को
इन्द्र प्रस्थ के महलों को छोड़
जंगलों की शरण लेनी पड़ी।
हम निश्चित रूप से तो
नहीं कह सकते
पर हमारे गुप्तचरों का
मानना है कि
तुमने क्रीड़ा में जिन पांसों का
प्रयोग किया
वह तुम्हारे ही रक्त संबंधी
परिजनों की अस्थियों से बने थे

तभी तो वह
फेंक जाने पर
वैसे ही गिरते थे।
जैसा तुम चाहते थे।

हमारी समझ में
एक अंधे सम्राट के
एक अयोग्य पुत्र को
सम्राट बनाने का लोभ तो
स्वाभाविक नजर आता है,
दुर्योधन की पाण्डु पुत्रों से
ईर्ष्या,
उनके प्रति घृणा
साथ ही उसकी
बेलगाम महत्वाकांक्षा भी
समझ में आती है,
पर तुम्हारी क्या
मंशा थी
यह कभी समझ में
नहीं आयी
पर आपके विकृत मस्तिष्क की
कुटिल चालों के
कायल हम अवश्य हैं।
पर एक बात
हम अवश्य कहना चाहेंगे कि
ब्रह्माण्ड में भटकते-भटकते
तुम्हारी आत्मा ने
गांधारी का विलाप

अवश्य सुना होगा,
कौरव परिवार की
कुल बंधुओ को
विक्षिप्त अवस्था में
राजमहल में
रूदन करते हुए भी
देखा होगा
और यह भी देखा होगा।
कि जिस दुर्योधन को
तुम विश्व सम्राट बनाने के लिए
सारी जिंदगी षडयंत्र करते रहे
किस प्रकार चील गिद्धों से
स्वयं को बचाने का असफल प्रयास
कर रहा था।

7

अपमान की पीड़ा

(कर्ण खण्ड)

यमराज कक्ष

यमराजः चित्रगुप्त
अब हम ऐसी आत्मा का
आह्वान कर रहे जिसे सम्मान देना
हम भी अपना धर्म समझते हैं।
आप प्रवेश द्वार तक जाएं और
सम्मानपूर्वक कर्ण को हमारे
कक्ष तक ले आएं। इस बात का भी
ध्यान रखें कि उनके बैठने के
लिए रत्न जड़ित सिंहासन की
व्यवस्था हो–

(गर्वभरी मुस्कान विखेरते हुए भी अत्यन्त विनम्रता से कर्ण का कक्ष में प्रवेश)

यमराजः कर्ण
हमें आपका स्वागत करते हुए
एक गर्व की अनुभूति

हो रही है,
यद्यपि आपने मुस्कुराते हुए ही
हमारे कक्ष में
प्रवेश किया
परन्तु आपकी मानसिक पीड़ा
आपके चेहरे से
स्पष्ट झलकती है।
दुर्भाग्यवश
आपके अपमान और
तिरस्कार का कारण
समाज का एक विशिष्ट वर्ग था,
जो नहीं चाहता था कि
आप उनके साथ
कंधे से कंधा मिलाकर चलें
या उनसे आगे बढ़ जाएं,
वैसे हर युग में
विशिष्ट वर्ग की
यही मांग रही है
कि लोग उनके पीछे चलें
आगे नहीं,
बिना सच के जाने
वह आपका तिरस्कार
एवं अपमान करते रहे,
अब हमें यह आभास होता है
कि वाणों से ही नहीं
अपितु, वाणी के वाणों से,
कोई भी योद्धा
ज्यादा तिलमिला सकता है।

हमें स्वयं भी बड़ी
पीड़ा हो रही है
कि तुम्हारे ऐसे
पराक्रमी एवं महादानी वीर को
हम कटघरे में
देख रहे हैं, परन्तु
हम भी असहाय हैं
पर तुम्हारे लिए भी
यह स्वर्णिम अवसर है
जब तुम अपने बड़बोलेपन की
भ्रांतियों का स्वयं
निवारण कर पाओगे।

हमें याद है कि
किस प्रकार तुम
दुर्योधन के जाल में
फंस गए थे
वह दिन था जब
कौरव राजपुत्रों की
शस्त्र क्षमता दक्षता का
हस्तिनापुर में प्रदर्शन
हो रहा था,
जिज्ञासावश तुमने
उस प्रदर्शनी में भाग लेना चाहा,
पर चूंकि आप
क्षत्रिय राजकुमार नहीं थे
आपको आचार्य कृपाचार्य ने
अयोग्य घोषित कर दिया,

एक योद्धा के लिए
यह बहुत बड़ा
अपमान था, साथ ही
रक्त की वरीयता देकर
प्रतिभा का
अपमान तो था ही।

अचानक दुर्योधन उठता है
मात्र एक प्रशिक्षार्थी,
न तो था सम्राट
और न ही युवराज
परन्तु उसने तुम्हें तत्काल ही
कुरू के प्रान्त अंग प्रदेश का
राजा बना दिया
जोकि उसकी कर्त्तव्य सीमा
से परे था।

अपने गलत निर्णय को
न्यायोचित सिद्ध करने के लिए
उसने घोषणा कर दी कि
राजा तीन प्रकार के होते हैं
प्रथम - जन्म से
द्वितीय - साहस से
और तृतीय जो किसी राजा को
परास्त कर
स्वयं राजा बन बैठते हैं।
तुम तो उस समय
इनमें से किसी श्रेणी में

खरे नहीं उतरते थे
फिर भी तुमने राजमुकुट
स्वीकार कर लिया
स्वयं से बिना यह प्रश्न पूछे
कि दुर्योधन
ऐसा क्यों कर रहा था।

भीष्म तो
कुरू वंश के राजमहलों में ही
पले थे
पर वह भी
राजमहल के गलियारों
की राजनीति को
कभी नहीं समझ पाए,
और एक तुम थे
अभी तक केवल
पंगडंडियों में ही चलकर वहाँ पहुँचे थे
तुम कैसे समझ पाते
की अंग देश का राज्य
बिना मांगे ही
क्यों तुम्हारी झोली में
डाल दिया गया था?

तुम तो परशुराम के
शिष्य थे
शास्त्र और पुराण भी
पढ़े होंगे
सैन्य प्रशिक्षण में

एक बात ककहरे की तरह
रटाई जाती है कि
खुले दरवाजे देख
प्रदेश करने के पहले
देखो, सोचो और विचारो
क्योंकि ऐसी स्थिति
केवल किसी अनहोनी का ही
संकेत देती है।

तुम्हें याद होगा
जब पाण्डु पुत्र
लाक्षा भवन की
आग से बच निकले
और एक वर्ष तक
जंगलों में भटकने के बाद
द्रौपदी को स्वयंबर में जीत
हस्तिनापुर वापस पहुँचे
तो विदुर, भीष्म और
द्रोण ने पाण्डु पुत्रों को
उनका हक दिलाना चाहा।
इसी आशय से
हस्तिनापुर की राजसभा में
गंभीर मंत्रणा हुई
पर तुम्हारी सोच और
तुम्हारी भाषा
ठीक इसके विपरीत थी,
तुमने न केवल
इन ज्ञानी एवं अनुभवी

शुभचिंतकों का
उपहास किया
अपितु धृतराष्ट्र को
यह सलाह दी कि
सम्राट उनकी बात न माने
क्योंकि सभासदों का मत
पाखण्ड एवं भय से
उपजा था
और सही रास्ता
केवल युद्ध और रक्तपात है।

कुरू साम्राज्य की
राजसभा में
पहिली बार
भीष्म द्रोण और विदुर ऐसे
स्वार्थहीन विभूतियों का
खुले आम
अपमान हुआ था
वह भी तुम्हारे द्वारा
जिसको कुरू राजसभा में
आए हुए मात्र
कुछ ही दिन हुए थे।
तुम न तो धृतराष्ट्र को
न ही दुर्योधन को,
या उसके चापलूसी करने वाले
समर्थकों को समझ पाए
तुम अनुमान भी
नहीं लगा पाए

कि उनके मन में
पाण्डु पुत्रों के प्रति
कितनी ईर्ष्या और घृणा थी,
तुम तो जन्म से ही
अभिशप्त थे, इसलिए
तुम्हें फूंक फूंक कर
कदम रखने की
चेष्टा करनी चाहिए थी।
द्रौपदी के चीरहरण
के समय जब
भीष्म, द्रोण, कृपाचार्य आदि
मौन थे
तो तुमने दुर्योधन की
वासना का बढ़ावा ही दिया,
और द्रौपदी को वेश्या कहकर
दुर्योधन को उत्साहित ही किया।
एक राजा तो नीति
और नैतिकता का प्रतीक होता है
और अंग देश के राजा का
सभा में ऐसा व्यवहार
न केवल अशोभनीय अपितु
कलंकनीय भी था।
यदि तुम में
विदुर एवं विकर्ण की तरह
नैतिक साहस नहीं था
तो कम से कम
मौन ही रह जाते।

माना कि तुम
द्रौपदी से घृणा करते थे
क्योंकि उसने अपने स्वयंवर
सूत पुत्र से
विवाह करने से
स्पष्ट इंकार किया था
परन्तु वह तो वास्तविकता से
अनजान थी,
उसे यदि यह पता होता कि
तुम भी कौंतेय हो
तो संभवतया
ब्रह्मावर्त का इतिहास
कुछ और ही होता।

सारी दुनिया
तुम्हे सूत पुत्र ही समझती थी
और दुर्योधन ने
अंग देश का राजा बनाकर
तुम्हें इस अपमान से
मुक्ति दिला दी थी
और उस कर्ज को
उतारने में तुम
नीति अनीति में
उचित अनुचित में
न्याय अन्याय में
अंतर न देख पाने की क्षमता
हमेशा के लिए
खो बैठे।

सारा विश्व
तुम्हें दानवीर कर्ण के
रूप में जानता है,
और न समझे क्यों
सब कुछ जानते हुए भी,
कि तुम्हें छला जा रहा है
तुमने अपने ही कृपाण से
सूर्य द्वारा दिए
कवच और कुण्डल
इन्द्र को दान दे दिए थे
पर यह मत भूलो कि
यह कवच और कुण्डल
मात्र आत्म रक्षात्मक थे
उनमें मारक क्षमता नहीं थी,
और उसके बदले में
इन्द्र ने बिना मांगे ही
'शक्ति' ऐसा अकाट्य दिव्य अस्त्र
तुम्हें वरदान के रूप में
दे दिया था।

तुम्हें पता नहीं होगा
इन्द्र प्रदत्त उस दिव्य अस्त्र से
जब तुमने घटोत्कच का
वध किया था
तो पूरा पाण्डव परिवार
शोक मग्न था,
मात्र कृष्ण ही ऐसे थे
जो मंद-मंद मुस्करा रहे थे

पाण्डव भी उनके इस व्यवहार से
हतप्रभ थे,
कृष्ण को पता था कि
उस अस्त्र से बचने का
उपाय न तो उसके पास था
और न ही अर्जुन के
पर चूंकि उस अस्त्र का प्रयोग
एक बार ही हो सकता था
उस शक्ति की
उपयोगिता को
नष्ट करने के लिए ही
कृष्ण ने घटोत्कच को
रात्रि युद्ध के लिए भेजा था।
अब कुछ क्षणों के लिए
अभिमन्यु बध को
स्मरण करने की
चेष्टा करो,
अभिमन्यु अजेय था
और कौरव सेना
हार के कगार पर थी
तभी द्रोण ने तुम्हें उकसाया
और तुमने उसकी पीठ के पीछे से
उसके धनुष की
प्रत्यंचा काट दी थी
तुमसे ज्यादा धनुर्विद्या में पारंगत
उस योद्धा के डैने
तुमने युद्ध के नियमों का

उल्लंघन कर काटे थे,
और तुम्हारे शौर्य की गाथा में
यह घृणास्पद प्रयास
एक कलंक के
अध्याय की तरह
हमेशा के लिए जुड़ गया।

कुंती ने तुम्हें
पूरी सच्चाई बता दी थी,
तुमसे युद्ध से
अलग हो जाने का
विनम्र निवेदन भी
किया था,
कृष्ण ने तो दो–दो बार
प्रयास किए
हम पूछते हैं कि युद्ध पूर्व
क्या युयुत्स अपनी सेना लेकर
पाण्डव दल में
शामिल नहीं हुआ था?
क्या बलराम ने
युद्ध की स्थिति में
रण में भाग न लेने का
प्रण नहीं लिया था?
क्या कृष्ण ने प्रतिज्ञा
नहीं की थी कि
न तो वह शस्त्र धारण करेंगे
न ही कुरू सेना पर प्रहार?

धर्म संकट की घड़ी
अवश्य तुम्हारे लिए थी
पर अंग देश को त्यागा
जा सकता था
और तुम युद्ध से
बिल्कुल अलग हो सकते थे,
दुर्योधन और युधिष्ठिर के बीच
तटस्थ रह कर,
न्याय का साथ
यदि कोई न दे सकते
तो अन्याय के हित में
शस्त्र भी
नहीं उठाना चाहिए।

महाभारत युद्ध,
दुर्योधन ने
भीष्म और द्रोण जैसे
वृद्ध सेनापतियों के
सहयोग के कारण
नहीं छेड़ा था,
दुर्योधन की दृष्टि में
तुम इस युद्ध के
लौह स्तम्भ थे
और तुम्हारे जीवित रहते
उसकी विजय भी संभव थी
पर एक बात तुम भूल गए कि
कितना भी बाहुबल हो

जहाँ स्वार्थ हो
घृणा हो
ईर्ष्या हो
अविवेक हो और मिथ्या अहंकार
वहाँ विजय श्री की
दुंदुभी नहीं बजती
वहाँ केवल मरघट का
सन्नाटा ही शांय-शांय
करता है।

8

अंतिम निर्णय

(निर्णायक मंडल खण्ड)

विदुर कक्ष

(विदुर, गांधारी एवं युयुत्स गंभीर वार्तालाप में व्यस्त और अंततः युयुत्स का विनम्र निवेदन)

युयुत्सः पूज्य यमराज
हम गौरवान्वित
महसूस करते हैं कि आपने
अंतिम निर्णय का
दायित्व हमें सौंपा हैं,
यह जानते हुए भी
मैं और विदुर दासी पुत्र है
और इसे कडुएं सच के साथ
अपनी जिंदगी घुट-घुट कर
जीते रहे और
साथ ही अपमानित भी।

आपने यह भी
इच्छा प्रकट की है कि

निर्णय केवल
व्यक्तियों के कृतित्व की
परिधि में ही हो
जिन्हें आपने कटघरे में खड़ाकर
कर्त्तव्यच्युत होने का
भारी भरकम अभियोग पत्र
प्रस्तुत किया है,
आश्चर्यजनक बात तो यह है
कि आपने उन्हें
स्पष्टीकरण का कोई
अवसर भी नहीं दिया
और यह बात हमें
कटोच भी रही है।

इन तथ्यों को ध्यान में रख
और शास्त्रों का
गहन अनुशीलन कर
हम भी आपसे
कुछ प्रश्न उठाना चाहेंगे,
और हमारा पहला प्रश्न तो
यही है कि
क्या व्यक्तित्व का विकास
शून्य में होता है?
निश्चित ही उत्तर है 'नहीं'
हमारी समझ से
व्यक्तित्व का विकास
संस्कारों से होता है,
जिन्हें वह परिवार एवं

समाज से ग्रहण करता है,
कृतित्व भी
एक अत्यन्त भ्रामक शब्द है
कृतित्व भी
परिस्थितियों के अनुसार ही
पनपता है।
आप ही देखिए
वाल्मीकि के व्यक्तित्व
और कृतित्व का
ऋषियों के आग्रह से जब
उन्होंने अपने मन के तीर्थ में
डुबकी लगाई
तब उन्हें अद्‌भुत अनुभूति हुई
और वह आदि कवि बन गए।

यदि भीष्म
अपने पिता श्री की
वासनाओं की तुष्टि के लिए
कोई शपथ लेते हैं
तो उसे आप
काल का अतिक्रमण कहते हैं।
यदि द्रोण
अपनी द्ररिद्रता को
दूर करने के लिए
रोजी-रोटी का
प्रयास करते हैं
तो आप कहते हैं
कि उनकी कोई

रहस्मय योजना थी,
कर्ण की वेदना को
समझनें की चेष्टा यद्यपि
आपने की
पर अभियोग पत्र में
उनके प्रति
किंचित सहानुभूति
नहीं दिखलाई।
हमारा मत है
किसी भी घटना के विश्लेषण में हमें
कब,
कहाँ,
कैसे और
क्यों? प्रश्न पूछने पड़ेंगे,
कब, कहाँ और कैसे
तो घटना की ऊपरी सतह पर ही
दिख जाते हैं
पर "क्यों" के उत्तर के लिए
हमें हमेशा तर्क की
गुत्थियों से ही जूझना पड़ता है।

आप न्याय मूर्ति हैं
इसका तात्पर्य यह नहीं कि
आप से भूल नहीं हुई,
महाभारत के पन्नों को ही पलटे
आधा सच बोलने के लिए
कुछ क्षणों के लिए सही
आपने युधिष्ठिर को

नर्क की यात्रा तो करा दी
पर युधिष्ठिर ने जो भी कहा
वह तो न तो झूठ था
और न ही सच,
सच तो यह है
कि झूठ भीम ने
कहा था।
युधिष्ठिर के आधे सच के
बाद भी
जब द्रौण रौद्र रूप धारण कर
पाण्डव सेना का
संहार कर रहे थे
तो भीम ने ही
उनकी भर्त्सना कर
घृणा की दृष्टि से उन्हें देख
जमीन पर थूक दिया था
और तभी द्रोण की
हत्या का प्रयास भी
सफल हुआ था।
एक बात और हम
स्पष्ट करना चाहते हैं कि
गांधारी ने यद्यपि
निर्णायक मंडल में
सहयोग की स्वीकृति तो
दे दी थी,
पर उनका कहना है कि
चूंकि उनके अपनों पर ही
अभियोग है

इसलिए उनका किसी भी प्रकार का
मत देना उचित नहीं होगा
और हम दोनों के
निर्णय ही उनके मान्य होंगे
कुछ टिप्पणियाँ वह अवश्य
करना चाहती हैं
जिन्हें अनदेखा नहीं किया जा सकता,
इसलिए गांधारी जी से निवेदन है
कि वह अपने विचार
व्यक्त करें।

गांधारीः पूज्य यमराज एवं
चित्रगुप्त की
मैं आभारी हूँ
जिन्होंने यह जानते हुए भी कि
सारे अभियोग
मेरे अपनों पर है
मेरी पात्रता को स्वीकृति दी,
मैंने अभियोगों को
बहुत ध्यान से सुना है
पर मेरा मानना है
कि अत्यन्त महत्वपूर्ण तथ्य को
अनदेखा किया गया है
और वह है
कुरूवंश द्वारा
पीढ़ी दर पीढ़ी
नारी का सतत अपमान,
जो प्रत्यक्ष या अप्रत्यक्ष रूप से

महाभारत युद्ध का
एक कारण अवश्य बना।

मुझे यह कहने में
तनिक भी संकोच नहीं कि
कुरूवंश में
नारी को मात्र
भोग्या समझने की ही
परम्परा रही है
जब शांतनु अपने जीवन की
संध्या में
पदार्पण कर चुके थे
भीष्म अपने पिता श्री की
अतृप्त वासना की
तृप्ति के लिए
सत्यवती को राजमहल ले आये
इसके लिए भले ही
उन्हें ऐसी शपथें लेनी पड़ी
जिनके परिणामों को
कुरूवंश कभी नहीं झेल पाया।
मेरा उदाहरण ही ले लो
क्या यह उचित था
कि मेरा विवाह
ऐसे व्यक्ति के साथ होता
जो मुझे देख नहीं सकता था,
मात्र स्पर्श कर सकता था,
इसलिए कोई आश्चर्य नहीं
देखते ही देखते

मैं सौ पुत्रों की
मां बन गई,
पर भीष्म की इच्छा के विपरीत
झुकने के अतिरिक्त
गांधार नरेश के समक्ष
कोई विकल्प भी तो नहीं था।

अब काशी नरेश की
तीन कन्याओं का उदाहरण ही लीजिए
अम्बा को पता ही
नहीं था कि
उनका अपहरण विचित्रवीर्य के लिए
किया जा रहा था
और जब उसे हाथ पकड़ कर
भीष्म ने रथ में बिठाया
तो वह उन्हें ही अपना
पति मान बैठी,
हस्तिनापुर में आने के पश्चात्
जो उसे अपमान सहना पड़ा
उसका वर्णन करना
अनावश्यक है।
अब द्रौपदी के स्वयंबर पर
एक नजर डालिए
दुर्योधन इस बात को
कभी नहीं पचा पाया कि
वह विश्व सुन्दरी
उसकी पत्नी
क्यों नहीं बन सकी

कर्ण भी उसी जन्मजात
प्रकृति का वारिस था
तभी तो भरी राजसभा में
उसने पांचाली को
वेश्या कहा था।

एक नारी के नाते
द्रौपदी की पीड़ा
मैं स्वयं महसूस करती हूँ,
महाभारत युद्ध का
एक विस्मरणीय अध्याय
द्रौपदी का चीरहरण भी है,
जब दृष्टि ही गलत हो तो
दिशा कैसे सही होगी
कुछ भी प्रयास कोई करें
होता केवल अनिष्ट है।

बात यह नहीं है कि
निर्णय देने में
मुझे कोई संशय या
असमर्थता है,
मैंने तो अपना निर्णय
हजारों वर्ष पूर्व ही
दे दिया था
जब भरी राजसभा में
मैंने दुर्योधन की
भर्त्सना की थी
और यही कहा था कि

जिसका अपनी इंद्रियों पर
नियंत्रण नहीं
वह राजा बनने के
योग्य नहीं है,
साथ ही दुर्योधन को आदेश भी
दिया था कि
युद्ध के विकल्प को त्याग
वह पाण्डवों को
उनका हक दे दे।
दुर्भाग्य से कुरूवंश की
त्रासदी कह रही है कि
न वह कभी नारी के
मन को पढ़ पाए
न महसूस करे पाए
उसकी व्यथा को,
वह कैसे समझते कि नारी
सृष्टि का ऐसा विंदु है
जहाँ से सृजन
आकार ग्रहण करता है,
राम और कृष्ण ने भी
माँ के गर्भ में पल
जन्म लिया और तभी
मानवता के कल्याण के लिए
कुछ कर पाए,
ईश्वर को भी जब
मां का गर्भ नहीं मिलता
तो वह अजन्मा, अभोगी
और निराकार बनकर ही तो रह जाता है।

(गांधारी विनम्रता से सिर झुका कर अपने आसन पर बैठ जाती है।

विदुरः पूज्य धर्मराज।
हम आपके आभारी हैं कि
ऐसा दायित्व हमें सौंपा
संभवतया जो हमारी सामर्थ्य के
बाहर है,
हम अपनी यह सीमा भी
जानते हैं कि
हम मात्र अपना
अभिमत ही व्यक्त कर सकते हैं
निर्णय नहीं।

पर एक निवेदन अवश्य है कि
जैसा कि आप जानते हैं
समूचे धर्मयुद्ध के
हम चश्मदीद गवाह रहे हैं,
हमने वीरांगनाओं की
टूटती चूड़ियों की
खनक सुनी है,
उजड़ती मांगों के
स्वाभिमान को
आंसुओं में बहते देखा है
युद्ध में पराजय की
सूचना पाकर भी
अंधे धृतराष्ट्र को
भीम की लौह प्रतिमा को
चूर-चूर करते देखा है,

कुरूक्षेत्र में
मृत्यु की चादर ओढ़े हुए
दुर्योधन की
कृष्ण के प्रति घृणा भी देखी है।

गांधारी, कुंती, द्रौपदी
और सुभद्रा को
संतानों के वध की पीड़ा को
अपने अंतरमन में
महसूस किया है
संधि के अंतिम प्रयासों में
कृष्ण के विराट स्वरूप को भी
हमने देखा है
और अब हम
यह नहीं चाहते कि
इस इतिास की पुनरावृत्ति हो।

मैं युयुत्स के
विषय के प्रस्तुतीकरण से
पूर्णतया सहमत हूँ
हमने महाभारत युद्ध में
वीरगति प्राप्त
असंख्य सेनानायकों
एवं वैधव्य भोगती
तमाम वीर बालाओं के
अभिमत को भी
ध्यान में रखा है
और इसलिए हमें

निर्णय देने में
न ही भय
और न ही संकोच।
राजधर्म एवं स्वधर्म का
एक साथ पालन
एक दुधारी तलवार ही है
और हमें संतोष है
कि इन विकट परिस्थितियों में भी
भीष्म एवं द्रोण ने
दोनों धर्मों में
सामंजस्य स्थापित कर
अपने आपको
निर्दोष ही सिद्ध किया है।

व्यक्तिगत रूप से एवं
हस्तिनापुर की प्रत्येक मंत्रणा में
इन दो विभूतियों ने
दो टूक शब्दों में
उन्होंने दुर्योधन की
निंदा ही की थी
ताकि युद्ध टाला जा सके
यह बात और है कि
अपने प्रयासों में
वह सदैव असफल रहे।

भीष्म एवं द्रोण
दोनों महारथी थे,
अजेय भी,

पाण्डु पुत्र उनके समक्ष
न तो टिक सकते थे
और न ही अपने
प्राणों की रक्षा,
फिर भी दोनों ने
उनका हित चाहा
और इसीलिए बारबार
युद्ध क्षेत्र में दुर्योधन से
वह प्रताड़ित होते रहे।
भीष्म और द्रोण के
व्यक्तित्व एवं कृतित्व को
इसी बात से
समझा जा सकता है कि
उन्होंने स्वयं ही
पाण्डु पुत्रों को
अपनी हत्या का रहस्य
बेबाक समझा दिया था,
द्रोण तो एक कदम
आगे ही थे
तब तक तो किसी योद्धा के
तरकश से एक वाण भी
नहीं चला था
पर युद्ध पूर्व ही उन्होंने
पाण्डु पुत्रों को
अपनी मृत्यु के रहस्य का
उजागर कर दिया था,
युद्ध आगे न बढ़े
इसका शिलान्यास तो

उन्होंने प्राणों की आहुति दे
कर दिया था।
कर्ण का मनोविज्ञान
कुछ जटिल था
जन्म के कुछ क्षणों में
जिसे मरने के लिए
नदी में बहा दिया गया
समर्थ एवं योग्य होते हुए भी
जो सारा जीवन
तिरस्कार, घृणा और अपमान
सहता रहा
उससे और अपेक्षा भी
क्या की जा सकती थी।
सच तो यह है
उसे अपने समाज से ही
घृणा हो गई थी
और उसके बड़बोलेपन
अहंकार एवं आक्रामकता का
मूल कारण भी यही था।

जिस दिन उसे
यह पता चला कि
वह स्वयं भी कुंती पुत्र है
उसके स्वभाव में
आमूलचूल परिवर्तन आया,
यदि कर्ण चाहता तो
वह युधिष्ठिर, भीम
नकुल और सहदेव का

वध कर सकता था
पर बीच रणक्षेत्र में
असंख्य सैनिकों की
शंकालु तीक्ष्ण निगाहों के सामने
उन चारों को
उसी ने ही जीवन दान दिया था।

यद्यपि कर्ण ने अवश्य ही
अर्जुन वध की प्रतिज्ञा की थी
पर जब उसे
सच्चाई का बोध हुआ तो
उसके हृदय परिवर्तन को
इसी बात से
आंका जा सकता है कि
अपना कवच और
कुण्डल उसने अपनी ही
कृपान से काट,
इन्द्र को दान में दिया था।
इसीलिए कृष्ण ने यदि
सबसे अधिक सम्मान
कौरव और पाण्डु सेनाओं में
किसी को दिया था
तो वह कर्ण ही था।

उसके असाधारण शौर्य
और निष्ठा के
कृष्ण हमेशा कायल रहे
और उन्होंने हमेशा

यह चेष्टा की
रणक्षेत्र में कर्ण और
अर्जुन का द्वन्द्व न हो
और यदि संयोगवश
कभी ऐसा हुआ भी तो
वह रथ को
अन्यत्र घुमा देते थे,
इस महान सेनानायक
एवं दानवीर को
हम श्रद्धा से
नमन करते हैं
और निवेदन करते हैं
कि कर्ण को
शीघ्र की मुक्ति दी जाए।

कोई भी व्यक्ति जब
अन्य की सम्पत्ति
एवं अधिकारों को
अनुचित ढंग से
ग्रहीत करने की
चेष्टा करता है
तो सर्वप्रथम उसका
विवेक ही नष्ट होता है,
पर अपने घृणित प्रयासों में
जब कोई व्यक्ति
बार-बार असफल होता है
तो ईर्ष्या एवं घृणा
का ही जन्म होता है

धृतराष्ट्र, दुर्योधन एवं
शकुनी के साथ भी यही हुआ।
महाभारत का मूल कारण भी
यही है
पर कब तक हम
सांप की लकीर को
पीटते रहेंगे
उनके साथ ईश्वरीय न्याय
हो चुका है
और अब उनकी
अभिशप्त आत्मा को भी
मुक्ति देने का हम निवेदन करेंगे
पूज्य यमराज ।
हमारा दायित्व
यहीं नहीं समाप्त हो जाता
हम सुनते आए हैं कि
हर एक युद्ध के पश्चात्
यही कहा जाता है
कि सत्य की असत्य पर
धर्म की अधर्म पर
विजय हुई
पर यह सत्य क्या है?
धर्म क्या है?
यह कोई नहीं जानता।

शास्त्रों में सत्य को
''यद्रूपेण यानिन्यश्चितं
तद रूप न व्यभिचारित तत्सत्यम्''
कह कर परिभाषित

किया गया है
हम भी मानते हैं
जीवन में
सत्य ही शाश्वत है
क्योंकि वह ससत स्वभाव से
विद्यमान रहता है।

पर आज तक सत्य
आम आदमी की
समझ से कोसों दूर रहा है
इसीलिए हर युग में
मनीषियों ने
पैगम्बरों ने
एवं चिंतकों ने
मानव कल्याण का
रास्ता खोजा
जिसे धर्म कहते हैं।
पर जब हमारे सोच में
विकृतियां आ जाती हैं
तो हमारा धर्म भी
अपना गुण और स्वरूप
खो देता है
धर्म एवं अधर्म की
विभाजक रेखाएं
विलुप्त हो जाती हैं
और यहीं से
शुरू हो जाती है
हर युग के

महाभारत की पुनरावृत्ति।
यह कहना कि
महाभारत एक ही बार हुआ था
नादानी होगी
प्रारम्भ तो त्रेता युग से ही
हो गया था
जब रावण ने
सीता का अपरण किया
उस कुकृत्य में
वासना किंचित नहीं थी
मूल कारण तो था
रावण का
अपनी शक्ति और सत्ता का
दम्भ और अंहकार
इसीलिए तो
विभीषण का विवेक
हमेशा लतियाया गया।
द्वापर का महाभारत भी
राज्य के लिए
कभी नहीं हुआ
पाण्डव तो पाँच गांवों के
टुकड़ों से ही
संतुष्ट थे।
समस्या की जड़ थी
अंधे धृतराष्ट्र का
सच को अस्वीकार करने का
दुस्साहस
गांधारी की उदासीनता

दुर्योधन का लोभ,
उसकी वासना लिप्सा
एवं वेलगाम महत्वकांक्षाएं
दुशासन का
अर्भर्यादित आचरण
भीष्म और द्रोण का मौन
और कर्ण की अज्ञानता।
बदलते संदर्भों में
महाभारत
भेष बदल-बदल
बार-बार लौटकर
पुनः हमारे सामने आयेगा
और यदि हम
चाहते हैं कि
कोई राके इस महाभारत को
तो हमें
पैदा करने होंगे कई
राम और कृष्ण
ईसा मसीह और पैगम्बर
नानक और गांधी।